そして歩き出す

サッカーと
白血病と
僕の日常

早川史哉

徳間書店

目次

＊本文に登場する人物の肩書き・役職は、当時のものとしています。

第1章

開幕戦

いつもと違う朝

いつもの朝のはずだった。

何気ない日常のなかの変わらない朝のはずだった——。


目覚ましの音が鳴り響き、目が覚めると、僕は選手寮のベッドの上にいた。

寝ぼけ眼で止めた時計の針は、午前6時半を指している。

「ああ、もうこんな時間か……起きなきゃ……」

「ん……あれ……？」

頭では起きようとしている。でも、まるで自分の体ではないように、自分の意思に反して、起きることを拒否しているかのような錯覚に襲われた。

体がだるい。全身が熱っぽく、節々が痛い。

「風邪かな？」

時計の針は6時45分を回っていた。

「やばい、そろそろ準備しないと練習に遅れてしまう」

第1章　開幕戦

　この日、アルビレックス新潟の練習は午前9時半からだった。いつも僕は、1時間半前に新潟聖籠《せいろう》スポーツセンター アルビレッジのクラブハウスに着いたら、練習に向けて道具を手入れしたり、ストレッチをしたりして準備する。

　寮で暮らしている僕は、クラブで用意された朝食を食べてから練習場に向かうが、その日は、食欲が湧かなかった。

「どうしたの？　具合でも悪いの？」

　食堂のおばさんが心配そうな表情で言ってきた。

「……いや、ちょっと風邪気味っぽくて。でも、大丈夫。練習に行ってきます」

　僕は、あまり感情を表に出さないタイプだ。だが、この日はだるさが顔に出ていたことを悟り、すぐに寮を出て近くの練習場に向かった。

　ハッ、ハッ、ハッ……。

　練習が始まると、最初のランニングだけで息が上がってしまった。

「なんでだ？　まだ練習は始まっていないようなものなのに」

　少し混乱しながらも、その日の練習を終え、自主トレをやめてすぐに引き上げて寮に戻った。

「明日も練習だ、今日は早く寝よう……」

開幕戦が迫っていた。

僕にとってはプロサッカー選手になって初めてのシーズンの幕開けだ。だから、この体のだるさは、大学サッカーからプロに入りたてで、慣れない環境での日々に疲労と精神的なものも含めて、自分がまだフィットしていないからだと思っていた。いや、そう思い込むようにしていたのかもしれない。


翌日、バッと目が覚めた。

いつものように時計を見ると、針はまだ午前5時を指していなかった。

「あれ、ずいぶん早く目が覚めたな。う、何だろう……」

寝たはずなのに体がズンと重く感じられて、爽快感が一つもない。

「開幕前で緊張しているのか?」

膨らむ不安を押さえ込むように、僕は自分に体のだるさ、異変は緊張からくるものだと言い聞かせた。

だが、そこから数日経っても、このだるさは取れなかった。それどころか徐々に首の横に違和感を覚えるようになり、これがずっと消えなかった。

最初は風邪だと思って過ごしていたが、体はどんどんだるくなり、どんなに睡眠を取ってても消えるどころか、より気になっていく一方だった。

「おかしいな……」

疑問を抱きながら、開幕を明後日に控えた2016年2月25日。

紅白戦で僕はレギュラー組を示すビブスをもらった。

「よし、このままいけば開幕スタメンだ」

喜びを感じる一方で、自分の心の奥底から不気味なまでに湧き上がってくる不安。

開幕前で徐々にムードが高まっていく周りに自分を合わせることに精一杯だった。

前日練習もスタメン組だった。開幕スタメンを確信し、ついにプロ入りが決まってからずっと目指していた最初の目標が達成できるという喜びはあった。

しかも、一度はプロ入りを断り、大学に進学して、4年越しで達成できる現実に正直、興奮していた。

早くアルビレックスの多くのサポーターの前で自分のプレーを見せたい。ユース時代までお世話になったクラブに恩返しをしたい。でも、自分はしっかりプロとしてのプレーをすることができるだろうか、チームの勝利に貢献できるだろうか。

まさに期待と不安が入り乱れていたが、体調のことを少しだけ忘れることができた。

念願のプロデビュー

試合当日の朝。

目を覚ますと、出発の時間まで、いつも通り部屋を綺麗に掃除して、気持ちを落ち着かせてから、試合会場に移動するバスに乗り込んだ。

２０１６年2月27日。Ｊ１リーグファーストステージ、アウェイで行われた湘南ベルマーレ戦。僕はセンターバックとして開幕スタメンに起用された。

試合開始のホイッスルが鳴ったあとは、初めてのプロの公式戦で懸命にプレーをした、夢のような90分間だった。僕はプロとしての第一歩を踏み出すことができた。

一方、試合後には今までの人生で感じたことがないほどの疲労感を覚えていた。

「なんでこんなに俺は疲れているんだ？」

自分でも疑問に思うほど、異常な疲れだった。だが、このときは「これがプロになるということなんだろう。ここまでの緊張と強度のなかで戦うのがプロという世界なんだ」と、自分に言い聞かせることで、納得していた。

1週間後の第2節のアウェイ・ヴィッセル神戸戦。

この試合で2試合連続のスタメンフル出場をはたした僕は、試合後、もう得体の知れない違和感に、なかなか眠りにもつけなくなっていた。

宿泊ホテルのベッドに入っても寒気が止まらない。どれだけ毛布にくるまっても、ガタガタ震えが止まらない。

「俺の体は、一体どうしてしまったんだ……」

恐怖に怯えながらも、なんとか眠りについた。だが、翌日も午前5時に目が覚めた。

「やっぱりこんな時間に目が覚めてしまうなんて……ん？」

ふとベッドのシーツを見ると、大量の汗で濡れていた。寝間着《ねまき》用のジャージもシャツも下着も汗でびっしょりだった。

「嘘だろ？」

もはや自分の体ではなかった。

「絶対にこれはおかしい……。俺の体のなかで、何かが起こっている。でも、今はプロデビューをしてレギュラーをつかんだばかりだし、絶対に手放したくない……」

僕はサッカー選手として、厳しいレギュラー争いと試合で相手と戦うだけではなく、自分自身に潜む得体の知れない相手との闘いも始めるようになった。

第3節のホーム開幕戦の横浜F・マリノス戦。

念願のデンカビッグスワンスタジアムのピッチに3試合連続スタメンで立つことができた。だが、この戦いを終えたあたりから、得体の知れない相手は、日に日に大きくなっていき、それに比例して練習でも周りの要求に応えられなくなっていった。すぐに息が上がる。ダッシュをしたら足がパンパンにむくんでいた。

練習後の疲労がまったく抜けない。ある日の練習後、少しでも疲労を取ろうとクラブハウスで長めに風呂に入った。だが、風呂から上がり、ロッカールームに引き上げる途中に、突然目の前が真っ暗になった。

「うっ……」

僕は必死で手探りで壁につかまり、転倒するのを避けた。だが、そこからしばらく動けなくなってしまった。冷や汗も止まらなかった。

「体に何かが起こっている……」

ついに、ピッチ上でもふらつき始め、目の前が一瞬暗くなることも出てきた。

「どうしたんだよ？　史哉」

異変に気づいた選手も出始め、心配そうな顔を見せるようになった。

「大丈夫、ちょっと疲れが溜まっているみたいで」

だが、言葉では隠せても、プレーの質の低下は著しく、そこはごまかせない状況になっていった。


Ｊ1ファーストステージ第4節の柏レイソル戦。

ついにスタメンから外された。当然だ、このパフォーマンスでは。悔しい思いはもちろんあった。でも、どこかでスタメンを外れて、ホッとしている自分もいた。そこからしばらく、僕はベンチ入りこそするが、リーグ戦での出番は訪れなかった。

そして、感じていた異変はついに具体的に体の症状として出始めた。首の周辺の痛みがより激しくなり、触ってみると硬くなっている。

「何なんだ、これは……」

僕の体に明らかな異変が生まれ始めていた。


「史哉、今度の遠征、メンバーに入ったぞ」

4月24日。Ｊ1ファーストステージ第8節のアウェイ・名古屋グランパス戦。

僕は遠征メンバーに入ったが、前泊したときの体の状態は、ひどくなっていた。

ビュッフェ形式の夕食だったが、みんなが旺盛な食欲を見せるなか、食欲自体まったくなかったし、正直、喉が痛すぎて、食事もままならない状態だった。

僕は、ご飯やおかずを少量だけ皿に盛りつけたが、それすらすべて食べることができなかった。ホテルの人が近づいてくると、「すみません、下げてください」と、まだおかずが残った皿をさりげなく手渡して平静を装っていた。

いつもは楽しみだった夕食の時間が、苦痛でしかなかった。食事の時間が終わると、僕は逃げるように部屋に戻り、ベッドに横たわった。

「まずい、明日は試合だ。何とかしないと……」

その日、僕は眠ることができなかった。

拭えぬ違和感

「おはようございます」

翌日、朝食会場で吉田達磨監督の顔を見た瞬間だった。

「自分……今日の試合、プレーできるような状態ではありません」

と、喉元まで出かかった。でも、ここでその言葉を実際に言ってしまったら、もう二度と起用されなくなるかもしれない。重要なプロ1年目、こんなことで、せっかくつかんだチャンスを失いたくない。僕は必死でその言葉を飲み込んだ。

当然、朝食もほとんど喉を通らない状態で迎えたグランパス戦。バスでスタジアムに着いたときから、僕の気持ちはどん底まで落ちていた。

「首が痛い……」

違和感だけだった首の横が、激しい痛みを出すようになっていた。触ってみても、腫れはひくどころか、よりひどさが増しているように感じた。さらに両足の付け根、鼠蹊部《そけいぶ》のリンパ節が膨れ上がっていた。

「何なんだよ、マジで！」

得体の知れない相手は、いよいよ僕を飲み込もうとしていた。抗《あらが》いたいが、抗う力は徐々に失われていた。

「すみません、喉が痛くて、リンパがちょっと腫れているので診てもらえますか」

試合前、スタジアムのロッカールームで僕はチームドクターにこう言った。

「これはけっこう腫れてるな……」

チームドクターは表情を曇らせながら、僕の喉に手をあてていた。

「この症状、ずっと前から続いているんです……」

「わかった。新潟に帰ったら、一度病院で診てもらったほうがいいね」

そう言われ、僕は心のなかで「ついに打ち明けてしまった……」と少し後悔した。

予想通り、アップの段階で息が上がる。

「これはプレーすることなんて到底無理だ……」

ベンチスタートとなった僕は、前半の戦いをベンチから見ていた。

おかしい。

アップもしていないし、ただ座っているだけなのに、全身の汗が止まらない。全身のだるさもつらい。

後半に入り、アップを開始するが、今度は寒気が収まらず、集中して取り組めない。

「もう限界だ。頼むから出番が来ないでくれ……。これは誰かに言わないともう壊れてしまう……」

この願いが通じたのか、誰の目から見ても試合に出られる状態ではなかったのかはわからないが、この日、僕に出番は来なかった。

なんとか自分の気持ちをつなぎ止めながら、僕はチームと共に新潟に戻った。

翌日がオフのため、寮ではなく久しぶりに実家に帰ることが決まっており、空港まで両親が迎えに来てくれていた。

母は試合に出場しなかった僕を気遣ってか、優しく迎えてくれた。父もいつもの優しい笑顔で迎えてくれた。

「史哉、お疲れ様」

その日は、その優しさが胸に刺さった。

「じゃあ、ご飯食べに行こう。史哉、何を食べたい？」

母のこの言葉で僕は凍りついた。そういえば実家に戻る前に3人で食事に行く約束をしていたことを今、思い出したからだ。

当然、僕は物を食べられる状態にない。ここ2日間、強引に食事はしていたが、ほとんど食べられないし、水ばかり飲む日々だった。

「……ごめん、今日、ご飯いらないや……」

「え、どうしたの？　体調でも悪いの？」

母の表情が曇った。心配性の母の表情だ。

「実は……ずっと喉の周りが痛くて、腫れ上がっていて、物を食べられないんだ」

「史哉、ちょっと喉を見せて」

いつもは一歩引いて僕を見守ってくれる父が、このときはすぐに歩み寄ってきた。

「えっ、めちゃくちゃ腫れているじゃないか！　なぜここまで放っておいたんだ」

父は驚いた表情で僕に言った。

「実は喉だけじゃなくて、両足の鼠蹊部も腫れているんだ」

その箇所に触れてもらうと、父の表情はますます険しくなっていった。

「ずっと喉と鼠蹊部が痛かったんだけど、変に薬とかを飲むとドーピングもあるし、試合やそれに向けての準備もあったから、病院にも行けなかったんだよ」

そう両親に告げると、

「こんなにひどくなるまで放っておいたらダメだよ。しっかり病院で診てもらおう」

そう言われ、僕も「そうするわ」と何気なく答えた。

このときはきつかったけど、まだ「ひどい風邪じゃないのか」という楽観的な思いもあった――。

得体の知れない相手

　週明けの月曜日、2016年4月25日。

　チーム指定のドクターがいる、新潟医療センター（正式名称・新潟県厚生農業協同組合連合会　新潟医療センター）に行った。もともとアルビレックスの選手として、予防接種を受ける予定だったので、ついでに喉を診てもらい、血液検査も受けた。

　しかし、血液検査の結果が出てから再び診察室に呼ばれると、突然ドクターからこう告げられた。

「早川さん、今日は予防接種ができない。ちょっと血液検査の結果が芳《かんば》しくなくて。喉を見ても異常に腫れていますし、ちょっと今日は打てる状況じゃないんです」

　そのときは「そうですか」と、予防接種が打てなかったに過ぎないと捉えていた。

　そのあと、迎えに来てくれた母の車で寮まで送ってもらった。

「母さん、俺、予防接種受けられなかったよ」

　車の中で僕はこう母に告げた。

「え、そうなの？　やっぱり何か問題があるのかな……」

母はかなり心配そうな表情を浮かべた。

「わからない。でもとりあえず、今日は寮で安静にするよ」

不安そうな母を横目に見ながら、僕は寮に帰ってきた。


翌日の朝。準備を整え、「さあ、練習に行くか」と寮を出ようとしたタイミングで、アルビレックスのチームトレーナーから電話がかかってきた。

「史哉、この間の血液検査の数値がやっぱり異常だから、済生会新潟病院（社会福祉法人恩賜財団済生会支部新潟県済生会　済生会新潟病院）に行って検査してきてくれ」

いきなりの電話に、僕は正直、腹が立った。

「なんだよ！　せっかく練習の準備をして出るところだったのに!!」

と、自分の部屋に戻ってベッドの上に大の字で横たわった。

「練習に行かせてくれよ！　なんでなんだよ!!」

しばらく天井を見つめていたが、もう病院への手配をしていると言われたら、病院に行かないわけにはいかない。

僕はベッドから起き上がると、タクシーで済生会新潟病院に向かった。その道すがら、僕は母に電話をした。

「今から済生会病院に行ってくる。どうやら白血球の数値が異常に高いらしいから、詳しく調べてもらうよ」

　そして、一人で病院に行き、15時過ぎに検査の結果が出た。

「早川さーん」

　病院の待合室で僕の名前が呼ばれた。恐怖はなかった。むしろ、この得体の知れない相手の正体を知りたい、その一心だった。それほど僕の精神は限界にきていた。

　医師の前に置かれた椅子にゆっくりと座り、小さく深呼吸をした。

　僕の顔を真剣に見つめてくる医師の表情を見て、僕は覚悟を決めた。

「今の段階では、ほかの病気の可能性もありますが……白血病の可能性があります」

　白血病の疑い。これは自分でも知っている病気だった。

「はぁ……そうなのか……」

　全身の力が抜けていくのがわかった。

　それは、決して絶望や計り知れないショックによるものではなく、安堵からくるものだった。

「なんだ……だからこんなにもつらかったんだ。動けなかったのは、俺のせいじゃなかったんだ」

得体の知れない相手の正体が見えてきた。もちろん、少なからずショックはあったが、自分で自分をようやく認めることができた気分だった。

それまでは「俺、プロなのに一体何やってんだ」とか、「本当に情けない」と思っていた。でも、それは僕のせいじゃなかった、病気のせいだったんだって。

人間、誰しも「見えない恐怖」「得体の知れない相手」がいちばん怖いと思う。僕もそこが本当に怖かった。だからこそ、僕は診断されたら、割り切ってその病気と闘おうと思った。

サッカーは一度辞めて、しっかりと治して、そこから先の人生は頑張って復帰する。そして、自分が目指していた先生になるためにやっていこう。

もちろん、プロ選手を引退する可能性も十分にある。それだったらサッカーを教える側に回りたいと思っていた。ただ、まずは今、正体を現した目の前の相手と闘わないといけない。


僕の日常が一気に変化した——。

診断を受け、僕は迎えに来てくれた母の車の後部座席に乗り込んだ。

「どうだったの、診断結果は？」

「なんか俺、白血病かもしれないってさ」

「えっ!?」

母は絶句した。これはあとから聞いた話だが、そのときの僕は、母が驚くほど淡々としていて、慌てる素振りや絶望感を見せるのではなく、ケロっとしたように見えたそうだ。それだけ自分のなかで、病気がわかることによる安堵のほうが大きかったのだ。

さらにこのとき医師からはこう告げられた。

「白血病といっても、慢性的なものと急性的なものがあって、慢性の白血病ならば、薬を使いながらではあるが対処できると思います」

そう言われていたことも、安堵感に拍車をかけていた。

まだはっきりしていない段階であり、そこからさらに細かい検査に入るため、具体的な治療開始の時期、対策などはまったく言われなかった。

ただ、練習には参加せず、ランニングなどもせず、安静にしながら、エアロバイクを漕ぐ程度の運動だけは認められた。

ある日、アルビレッジのクラブハウス内でエアロバイクを漕いだあとに、僕はクラブ関係者に呼ばれた。

「史哉、やっぱり無理しないほうがいい。一度自宅に帰って安静にしたほうがいい」

世間はゴールデンウィーク前。僕はひっそりとロッカールームと寮の荷物をまとめて、自宅に戻った。

「次はいつここに戻ってこられるのかな……」

それはしばらく先のことになるだろう。うっすら覚悟はできていた。僕は複雑な思いを抱えたまま、アルビレッジを離れた。

ピッチから病室へ

5月2日。僕は父と一緒に、もう一度検査をしに済生会新潟病院に向かった。

医師と3人での話し合いの場を設けてもらったとき、こう告げられた。

「慢性的な症状もあるんですが、ただ、慢性だけでもないんです。正直、珍しいケースで、おそらく急性の白血病だと思うのですが、まだ断定はできません」

僕の白血病は、慢性ではなく、急性の可能性が出てきた——。

父はインターネットなどで病気のことを調べてきており、「ほかの検査をやっていただけないでしょうか？」と医師にお願いした。

僕は受け入れる準備ができていたが、父からすると白血病ではなく、ほかの軽い病気の間違いなのではないかという願いをもっていた。

それは十分に伝わったし、そう願う気持ちも痛いほど理解できた。だからこそ、僕もその提案を黙って聞き、医師もそれに応えてくれた。

しかし、結局その検査をしても、残ったのは「ほぼ白血病」という事実だけだった。

もう家族としても受け入れるしかない。外来を終えると、僕らは一度家に帰った。

僕は病気が明らかになってきたことで内心ホッとしている部分もあったが、父は運転中に何かぶつぶつとつぶやいていた。異様な空気が家族を包んだ。

家に戻り、自分の部屋で過ごしていると、再びチームドクターから電話がかかってきた。

「史哉、もっと踏み込んだ検査をしたいから、もう一度、済生会新潟病院に戻ってきてほしい」

そう言われて、リビングにいた父に「もう一度行くことになった」と伝え、父の車でこの日、二度目となる済生会新潟病院に戻ることになった。

病院に着くと、すぐに骨髄穿刺《こつずいせんし》という検査を行った。

骨髄穿刺とは腸骨から注射器で骨のなかの骨髄組織を吸引する方法だが、すぐに検査結果が出ないのと、右頸部から首のリンパを取って検査するリンパ節生検を受けて、より原因をはっきりさせるため、僕は済生会新潟病院に緊急入院をすることになった。

「母さん、これは長期化する病気だと思うから、どこかで焼肉が食べたいな」

生検までの間、僕は母にこうリクエストして、一時外出の許可をもらい、母と弟と3人で焼肉を食べに行った。

「もうこれから先、焼肉とか、食べたいものが食べられなくなるかもしれない。今のうちに食べておかないと後悔するよな……」

そう思いながら僕は焼肉を食べた。美味しかったけど、正直、複雑な味に感じた。

やはり、将来への不安と恐怖は大きくなっていた。

5月10日。生検で首の部分を切開し、リンパ節を検査した。そして5月13日、医師からこう告げられた。

「早川さん、骨髄検査やリンパ節生検の結果、ほぼ急性の白血病と診断されましたので、化学療法や同種造血幹細胞移植といった治療体制が整っている病院での再検査と治療に入ります。新潟県ですと、新潟県立がんセンター新潟病院か新潟大学病院（新潟大学医歯学総合病院）、日本赤十字社　長岡赤十字病院となります」

白黒がはっきりついた瞬間だった。僕の白血病は慢性ではなく、急性白血病。より大きな病院で長期の集中治療が必要と判断されたのだった。

もう受け入れるしかなかった。両親と3人で若干放心状態になりながらも、どこで治療をするのか話し合った。家の近くということもあって、新潟大学病院を選んだ。

両親と僕はいったん自宅に戻り、必要なものだけを持って、午後3時過ぎに転院先である新潟大学病院に到着した。

病院の正面玄関から入り、受付で入院の説明、病室の説明を受けて、実際に自分が入院する西10階のフロアを見に行った。自分が入る病室に案内されると、個室で大きな窓からは日本海が見えた。景色は良かった。でも、扉は2重扉で、手動の外扉が閉まると、自動的に中扉が開く構造だった。

僕はこの場所で、1年近く過ごすこととなった――。

入院してからは、最終確認のために最初からの検査が待っていた。済生会新潟病院で行った骨髄穿刺やリンパ節生検も、ここでもう一度検査をすると言われた。

「またやるのかよ、もういいじゃん……」

僕のなかではもう白血病だと思っていたし、何回も繰り返される検査に、言葉は悪いが、正直、うんざりだった。でも、両親は「まだ違う可能性もあるからね」とほんのわずかな可能性を信じていた。

ここのところ母は、眠りが浅いのか、少し疲れた表情を浮かべていた。

「俺のせいで家族まで追い詰めてしまっているのかな」

自分のせいで家族までも巻き込んでしまっている。申し訳なさと、なぜ自分がこんなことになってしまったのか、どうしようもできない思いが僕を支配した。

背中を押された言葉

検査の結果、両親のかすかな望みもかなわず、急性白血病だと正式に診断が下されて、5月30日からは本格的な治療が幕を開けることになった。

これを受けて、両親と姉、弟の家族全員が見舞いに来てくれた。そして、今後について僕は家族と話し合った。

おもに僕と両親での会話が多く、その横で弟は、椅子に座りながら、いつものように黙って携帯電話をいじっていた。

当時、中学2年生の弟は思春期のまっただなかで、仲が悪かったわけではないが、どこか僕に対してよそよそしさがあった。

だが、両親との話の内容が僕の今後のことについて及んだとき、弟は携帯電話をいじりながらも聞き耳を立てているように見えた。

「俺、サッカー選手を続けていいかどうか、正直迷っているんだ」

僕がこのとき抱いていた本音を両親にぶつけたときだった。母が「もちろん史哉の気持ちが大事だし、今は治療に専念したほうがいいよ」と答えると、弟が口を開いた。

「俺は……サッカーをしている姿をもう一度見てみたいな」

驚いた。弟は誰に話しかけるでもなく、ボソッとそうつぶやいたのだった。そのあとは変わらない表情で携帯電話をいじり続けていた。

この言葉は僕の心に響いた。普段あまり会話をしない弟が僕にぶつけてくれた本音だと思った。弟は僕の後を追うようにサッカーをしていた。プレーもそうだが、Jリーグや日本代表、海外サッカーがものすごく好きで、アルビレックスの試合もよく観に行っていたし、当然、僕がプロとしてプレーしている姿を観にきてくれていた。

言葉は交わさずとも、僕を兄として、サッカー選手として尊敬してくれていることは十分に伝わっていた。だからこそ、彼の一言は僕のなかにものすごく刺さった。

「俺はもう一度頑張らないといけないな」

このとき、僕は弟から大きな勇気をもらった。


入院して数日後に神田勝夫・強化部長から「今後のことについて話がしたいから、お見舞いも含めて病室に行きます」と電話を受けた。

「いよいよこのときが来たか……」

電話を切ったあと、この病気になったことで、クラブとの契約が終わってしまうのではないかという不安が、一気に僕を包んだ。

正直、病状が出て、正式に白血病と決まってからも、プロサッカー選手としての契約の問題は非常にナーバスなもので、自分も目を背けていた部分があった。

当然、何かしらの決断を下さないといけない。僕はプロサッカー選手であることが終わることも覚悟しながら、神田さんが到着するのを待った。

面会当日。僕は朝から落ち着かなかった。どんな結論も受け止めるつもりでいたが、不安ばかりがどんどん膨れ上がっていった。

「早川さーん、面会です」

看護師さんがこう言いながら部屋に入ってきた。僕の緊張はピークに達した。

神田さんが僕の前に座り、僕も椅子に座って向き合った。そして、神田さんの口から出てきたのは、一生忘れないであろう言葉だった。

「史哉がどう思っているかわからないけど、史哉に現役を続ける意志があるのであれば、クラブとして、復帰までしっかりとサポートしたいと思っている」

嬉しくて、気がついたら涙がこぼれていた。

「まだ自分をアルビレックスの選手として居させてくれる。まだ、サッカーができるチャンスがあるんだ……。プロサッカー選手としてまだやれるんだ……」

張り詰めていた空気が切れた。希望は消えていなかった。僕の心にさらなる勇気が湧き上がった。


神田さんとの面談のあと、高校時代の恩師であり、アルビレックス新潟のトップチームのコーチの片渕浩一郎さんから電話が入った。

「史哉、一緒にご飯でも食べに行かないか」

片渕さんはいつも僕のことを考えてくれた。僕の気持ちを推し量ったかのように、話がしたいタイミングで声をかけてくれる。

「はい、ぜひ行きたいです」

そう答えると、翌日、僕は病院に外出届を出した。治療に挑む覚悟は決めていたが、いざ治療が始まれば、落ち着くまではしばらく外にも出られないと思うと、急に寂しい気持ちが襲ってきた。最後に少しでもいいから外出をしたい。その気持ちを病院側も汲んでくれた。

外出当日、片渕さんだけでなく、中学時代からお世話になってきた若杉透さんも加わって、3人で出かけることになった。

僕にとっては、昔からお世話になり、僕のサッカー人生に大きな影響を与えた2人。「何が食べたい?」と2人に聞かれ、「もう生ものが食べられなくなるかもしれないので、お寿司が食べたいです」とリクエストした。

若杉さんの家の近くにあるお寿司屋さんで、お寿司を食べながらいろいろな会話を交わした。サッカーの話から昔話、何気ない会話に本当に心が落ち着いた。

「明日から俺、頑張りますよ。絶対に治して、もう一度ピッチに立ちます」

若杉さんとはそう言って別れると、片渕さんが僕を病院まで送ってくれた。この車内で僕は片渕さんとずっと話をしていた。

どんな内容だったかは、すべては覚えていない。でも、はっきりと言えるのは、「沈黙するのが怖かった」ということだ。会話が途切れると、車内が静かになる。その瞬間に僕はこれからのことを考えてしまい、心が締めつけられた。覚悟は決まったはずなのに、「頑張る」って言っているのに、ふとした瞬間に心をもって行かれてしまう、弱い自分がそこにいた。

病院が近づくにつれ、お互い言葉が少なくなっていった。あれほど恐れていた静まり返った車内。僕は病院に戻りたくない気持ちで言葉が出てこなくなっていた。一方、片渕さんもそんな僕にかける言葉が見つからないように感じた。

静かな車内から病院が見えてきた。病院のロータリーに着いたとき、正直、車から降りるのが嫌だった。

「またここから自由がなくなっていくのか……」

でも、ずっとここにいるわけにはいかない。重い足取りを必死で前に出す感じで、僕は車から降りた。

「今日は本当にありがとうございました」

片渕さんと握手を交わして見送ってから、僕はふと夜空を見上げた。

いつもと変わらない空なのに、何かもの寂しさを感じた。

「明日から俺は、こうして外で夜空を見上げることもできなくなるんだな……」

自然と涙が溢れてきた。僕は涙を拭って、病室に戻った――。


5月20日、再び片渕さんが僕の病室にお見舞いに来てくれた。

「史哉、実はもう一人連れてきているんだ」

片渕さんがそう言うと、

「史哉、久しぶりだな！」

と言って突然、酒井高徳くんが入ってきた。

「え、ご、高徳くん!?」

僕は固まった。高徳くんはドイツのブンデスリーガのハンブルガーSVに所属し、2014年のブラジルワールドカップのメンバーに入るなど、バリバリの現役日本代表選手で、僕と同じアルビレックス新潟ユース出身の偉大な先輩だ。

3歳差のため、ユース時代は入れ替わりだが、高校2年生でトップチームの練習に参加したときにいちばん僕を気にかけて、かわいがってくれた尊敬する人物でもある。

そんな高徳くんが自分の病室にいる。それが信じられなかった。

「これからがつらいときかもしれないけど、史哉は一人じゃないぞ。つらいときこそ、本当に自分が試されるし、そのときに史哉は必ず気づく。今まで出会ってきた人たちが本当に素晴らしい仲間であることを。つらいとき、いつでも俺に連絡してこいよ」

この高徳くんの言葉は、僕の心の奥に届いた。そして、すでに僕は素晴らしい仲間に囲まれていることを再認識できた瞬間だった。

「俺は一人じゃない」

そう思い、僕は治療に臨んでいった。

入院生活

2016年5月30日。ついに抗がん剤治療がスタートした。

僕は覚悟を決めていた。長い闘いがいよいよスタートする。今、弱音を吐いてしまっていたら、この先の長い闘いを生き抜くことができない。

込み上げてくる不安を強制的に押し戻すように、僕は毅然と向き合うことを決めた。

最初の投与は、抗がん剤を脊髄腔《せきずいくう》に注入する治療。脳骨髄液を採取したあと、針を抜かないでそこから直接抗がん剤を注入する髄注だったが、これが本当に恐怖だった。

正直、僕は注射針が嫌いで、普通の注射でさえ昔からあまり好きではなかった。それなのにベッドに横向きに寝て背中を丸めながら、腰のあたりに麻酔の針を刺す。これだけで冷や汗が出た。骨髄穿刺と同じような苦痛。抗がん剤が入っていくのがわかった。どんどん下半身のあたりがズンズンと重くなる。

骨髄穿刺と髄注。これから先、この2つがものすごいストレスになった。

点滴での抗がん剤投与も始まった。

投入後は白血球、赤血球、血小板などすべての数値が一度落ちるのだが、その時期は身体的にかなりしんどい状態になる。

全身がだるくなり、味覚障害に陥り、かつ唾液があまり出なくなり、口のなかがパサパサな状態になってしまう。便意も下痢っぽくなったかと思えば、急に便秘になったりと、あらゆる症状が自分の体に生じ、無気力感に支配される。

そこから徐々に数値が上がってくるため、徐々にゆっくり立ち上がるように回復していく。しかし、抗がん剤治療から数日後に、少しずつ血球の数値が下がっていき、どうしても体がだるかったり、食欲が湧いてこなくなったりする。

この繰り返しはどんどん自分の負担になっていった。それでも食事はできる限り食べて、少しでも体力を維持しようと努めた。

「もう一度、サッカー選手としてピッチに戻るんだ……」

この思いが崩れ落ちそうになる自分の気持ちを必死で持ちこたえさせてくれた。それでも、回数を重ねていくごとに「まだやるのか」という気持ちが込み上げてくる。


そんな治療で苦しむなかで、僕には何よりも気がかりなことがあった。それは、僕の病気のことを、身内と一部のクラブ関係者にしか伝えていなかったことだ。

病室でネットを見ることが日課になっていた僕は、「練習場に史哉がいない」「5月以降、史哉の姿を見ていない」という書き込みをよく目にした。

そのなかには、ずっと僕のことを応援してくれてきたファンのかたもいて、自分にとっても大事な人たちの「どうしていないの？」「史哉に何かあったんじゃないか？」という言葉に、ものすごく申し訳ない気持ちを抱いていた。

診断は出ているが、クラブがそれを正式発表するまでは誰にも言えない。ファン、サポーターはもちろん、アルビレックスのチームメイトや仲のいい選手、友人にすらも言えない状態だった。

クラブにも「早川選手は体調不良により、安静にしています」とだけアナウンスをしてもらっていて、何か自分が周りに嘘をついているようで、罪悪感に苛《さいな》まれた。

ＦＩＦＡ Ｕ－17ワールドカップ メキシコ大会のチームメイトだった、南野拓実や岩波拓也からも心配のメールを受けたが、真実を伝えることができなかった。友達からも「最近、メンバーに入っていないけど、どうしたの？」と連絡がきたが、「ちょっと調子を落としていてさ」と答えは同じで、罪悪感だけが募っていった。

そのため、アルビレックス新潟として僕の白血病を公式リリースするのかしないのか、するとしたらどのタイミングでするのかを話し合った。

比較的調子が良かった日に、広報室長の栗原康祐さんと話し合った。そのとき、栗原さんは「自分の決定も大事だけど、それだけでなく、家族ともしっかり話し合ったほうがいい」とあくまで僕側の意向を尊重してくれた。

これを受けて、僕は両親と公式リリースについて話し合った。当初、母は「公表しなくていいんじゃないか」と否定的だった。恐らく病気を公表して話題になることで、さらにつらい思いをするのではないかと、僕を守ろうとしてくれたのだと思う。

もちろん、僕も公表することで、僕自身は病室で守られているから大丈夫だが、普通に生活をしている家族は、周りからの目など負担があるのではないかと考えたりもした。でも、栗原さんはこう話してくれた。

「公表することでクラブとして公にバックアップできるようになる」

それも重要なことだと理解していた。

このとき、僕はふと塚本泰史さんの存在を思い出した。塚本さんといえば、大宮アルディージャのレギュラーだったにもかかわらず、２０１０年2月に右大腿骨骨肉腫が発覚した選手だ。

現役復帰はかなわなかったものの、今ではアルディージャのアンバサダーを務め、２０１２年には東京マラソンを完走するなど、僕の先を力強く歩いている人だ。彼のことをすぐにネットで調べると、塚本さんが発する言葉や姿勢に大きな衝撃を受けた。

塚本さんはプロサッカー選手という立場を病魔によって奪われたにもかかわらず、ずっとサッカーに携わり、大宮アルディージャというクラブを支えながら、子どもたちにサッカーの楽しさを伝えるという活動をしている。

「なんて強い人なんだ……」

塚本さんはプロ復帰に向けて全力を尽くしていたし、サッカーを愛して、いろんなチャレンジをしながら、今を生きている。その姿に多くの人たちが感動し、励みにしている。現に僕自身が塚本さんの存在を励みにしようとしている。

僕もそういう人を励ます存在になりたい。そうなるためには、この病気と闘っていくしかない。

「母さん、俺、世間に公表するよ。そうすることで自分が病気と闘う姿を見せて、塚本さんのように人を励ます存在になりたいんだ」

僕の真剣な表情に母も覚悟を決めてくれた。

「わかったわ、史哉。母さんたちも一緒に闘うね」

その翌日、僕は早速プレスリリース用の文章を考えた。文章を書くことは昔から苦手ではないし、何より自分の覚悟を自分の言葉で綴ることに意義があると思った。じっくりと考えながら、書き直しを重ねるなかで、「華やかじゃないけど、地道にコツコツと」という部分は、自分の今までの人生やサッカー人生を振り返ったときに自然と出てきた言葉だった。

僕のサッカー人生は、決して華やかではない。でも、その節目、節目で真剣に自分の将来を考えて、自分で選択をして歩んできた人生だった。

華やかじゃないけど、地道にコツコツと――。

第2章

サッカーと共に

憧れの手

1994年1月12日。僕は早川家の長男として、新潟市の病院で生まれた。1学年上には姉がおり、いつも一緒にいたが、大きくなるにつれて、僕はどんどん悪ガキになっていった。

父の仕事の関係で、生まれてから幼稚園年中までは新潟県長岡市で暮らしたが、幼稚園の年長になるタイミングで新潟市に引っ越してきた。

僕の新たな家は新潟市内にある団地だった。A棟とB棟の2つからなる団地で、僕が住んでいたのはA棟の1階だった。

小学1年生のときからやんちゃだった僕は、よく団地の広場で遊んでいたが、そこには2人の年上の男の子がいた。そのお兄ちゃん達は兄弟で、兄の小学6年生の一行くんと弟の小学4年生の匠くん。B棟の3階に住む2人は、同じ小針小学校に通っていて、そのグラウンドで活動している小針レオレオサッカー少年団というサッカーチームに所属していた。

「史哉、一行くんたちのサッカーチームに参加しに行こう」

ある日、父に連れられて、僕は２人が所属する少年団の練習に参加した。練習といっても、小学1年生の僕が混じれるように、最初は僕と同い年の子たちと、しっぽ取りのゲームをしたり、ミニサッカーをしたりした。体力が有り余っていた僕は、全力で走り回った。周りのコーチの人たちも僕が何かを成功させると、すごく褒めてくれて、それがたまらなく嬉しかった。

「すごく楽しかった！　僕もサッカーやりたい!!」

終わった頃にはもうサッカーの虜になっていた。僕はそのまま少年団に入り、そこから暇さえあればボールを蹴るようになっていった。練習はもちろん、家に帰っても団地の駐車場で壁に向かって一人でボールをひたすら蹴り続けるほど、とにかく夢中になっていった。

同時に地元のＪリーグクラブであるアルビレックス新潟の試合にも興味をもつようになり、両親やチームメイトと観戦に行く機会も増えた。

当時、アルビレックスはビッグスワンではなく、新潟市陸上競技場でリーグ戦を戦っていた。僕は時にはメインスタンドで、時にはゴール裏で試合を観ていたが、すべてが僕にとって「非日常」の世界だった。

　ピッチでプレーをする選手たちがすごく眩しく見えたし、何よりもカッコよかった。子どもながらに感じたのが、選手たちがつねに「応援されている」ということ。試合中のオレンジに埋まったスタンドのサポーターから送られる応援も迫力満点で、点が入ったときの観客の喜び具合はすごくて、すべてがとてもキラキラしていた。

「この応援のなかでサッカーをしたい」

　僕はよりプロサッカー選手というものに強い憧れを抱くようになった。そして、その思いを加速させる出来事が小学3年生のときに起こった。

　僕が所属する小針レオレオサッカー少年団が、アルビレックスのリーグ戦の前座試合として、隣町の青山サッカー少年団と試合をすることになったのだ。憧れの新潟市陸上競技場の天然芝のピッチでサッカーができる。前日から興奮して寝られなかった。

　試合当日、いざピッチに立ってみると、すべてが壮大に映った。天然芝は絨毯《じゅうたん》のようにふかふかで、鮮やかな緑色で、すごくボールが蹴りやすかった。周りもこれまでにないような観客の人たちが試合を観てくれて、いいプレーをしたら歓声が上がる。僕はまるで夢のような時間を過ごした。

　試合後、僕らにサプライズが待っていた。緑のピッチをバックに全員で集合写真を撮ることになった。そこにアルビレックスの現役選手たちが一緒に来てくれたのだ。

僕がふと後ろを見上げると、そこにはゴールキーパーの野澤洋輔選手が立っていた。野澤選手はアルビレックスで絶大な人気を誇る守護神だ。当然僕もファンだった。

「え、え？　野澤選手！」

初めて近くで見るJリーガーに僕は戸惑いを隠せなかった。驚きながらカメラマンがいる前を向くと、僕の頭の上に野澤選手の手がポンと乗った。

「え、え、え！」

憧れの野澤選手が僕の頭の上に手を乗せて一緒に写真を撮ってくれている。あまりにも衝撃的で、もう言葉にならない感情だった。僕にとって「キラキラした存在」である人が、直に触れてくれた。そして、撮影後も野澤さんは前かがみになって、僕と同じ目線に立って笑顔で話しかけてくれた。正直、何を話したのか一切覚えていないほど、僕は平常心でいられなかった。何より「嬉しい」という感情が体のなかを駆け巡った。

野澤さんたち選手が去ってからも、しばらく僕は放心状態だった。でも、徐々に強烈な憧れが湧き上がった。

「本当にカッコいい。僕も野澤選手のようにカッコよくて、子どもたちに優しくて、夢を与えられるような選手になりたい！」

心の底からそう思えた。自分の頭に置かれた野澤選手の手は、僕の体に「プロサッカー選手」という夢を強烈に植えつけてくれた。

これは、決して大袈裟な表現ではなくて、それくらい僕にとっては衝撃的な出来事だった。

やんちゃ坊主

あの日からアルビレックスの試合を観る目も変化し、より自分がピッチに立つイメージが膨らむようになった。しかし、サッカーにハマっていく一方で、学校生活や日常生活は、よりやんちゃ度が増していった。とにかくじっとしていられなくて、時には大人の言うことに一切耳を傾けずに行動を起こしてしまうような子どもだった。

周りが「やめなさい」と言ったことをやってしまう。僕が小学3年生のときに弟が生まれ、僕は兄になったが、そのやんちゃさは治らなかった。

それは小学5年生の運動会での出来事だった。運動会の閉会式が終わると、児童たちはそれぞれの教室に戻って、そこでクラス会を開いてから解散となる。だが、僕はグラウンドの片隅に小針レオレオサッカー少年団の別の学校から参加している選手たちが集まっている姿を見つけ、運動着のまま教室に戻ることなく彼らと合流し、一緒にボールを蹴っていた。

「ハ・ヤ・カ・ワー！」

担任の先生が血相を変えて僕の元に走ってきた。僕は怒られながら、教室に連れ戻された。今思うと、僕はサッカーをやっていないときは、つねに「サッカーができない」と欲求不満を抱えていた。まだ幼かったがゆえに自分のこの感情をコントロールできず、よく小学校の先生たちに迷惑をかけていた。

それでもやんちゃは続いた。運動会から数カ月後のある日、新潟は大雨に見舞われていた。このとき、僕はなぜか雨が激しく降る外を教室の窓から見ていて、「あ、このなかでサッカーをしたら楽しそう」とふと思いつき、ボールを抱えるとクラスの子を何人か引き連れ、びしょ濡れになりながらグラウンドでサッカーをやった。

「外でサッカーをしている5年3組の児童諸君、直ちにやめて教室に戻りなさい！」

怒りに満ちた校内放送が流れた。すぐに担任の先生やそれ以外の先生が走ってきて、全員を校舎のなかに引き入れた。

「グラウンドにいた全員、校長室に来なさい！」

担任の先生に校長室へ連れて行かれると、そこにはカンカンの校長先生がいた。それまで何度も先生の言うことを無視して、いたずらをしたり、外に飛び出していたりしたことから、すぐに首謀者が僕であることがバレた。

こっぴどく怒られた僕は、その日、家に帰ると小学6年生の姉からも怒られた。実は僕のクラスである5年3組と、姉のいる6年1組は教室が隣り合わせで、何度も自分の弟が先生に怒られる声を耳にして、ずっと恥ずかしい思いをしていたというのだ。

「史哉！　あんたいい加減にしてよ!!　姉ちゃん、恥ずかしくて仕方がないよ。『お前の弟、また叱られているぞ』ってクラスの子にも言われるのよ。本当にお願いだからもうやめて！」

両親も困った表情を浮かべていた。このとき、親にも「史哉くんはやんちゃすぎてどうにもならない」との連絡が入っていたようだ。

本当に小学校の先生には迷惑をかけ続けていた。僕は思ったことをそのまま衝動的にやっている人間で、周りのことを考えられなかった。

このとき、僕は「2面性」をもっていたと思う。それは「サッカーをしている自分」と「サッカーをしていない自分」だった。

サッカーは、自分の感情のコントロールの仕方を教えてくれる重要なものだった。サッカーのなかでは冷静に今自分が何をすべきか判断できるし、他人の気持ちも考えることができた。やんちゃでどうしようもない僕だったけど、小針レオレオサッカー少年団の佐藤龍一コーチは、つねに「仲間を大切にしろ」「周りの人に感謝しろ」と教えてくれた。

「いいか、周りがいいプレーをしたら『ナイス』、ミスをしてしまったら『ドンマイ』という声がけをするんだ。相手をけなすのではなく、励ます側に回ってあげないといけない」

そう佐藤コーチは、何度も僕に言った。時には「うるさいよ」と反発することもあったけど、なぜか佐藤コーチの言うことは素直に僕のなかに入ってきたし、何よりサッカーのときは素直になれた。

佐藤コーチの存在は僕にとって、人間形成をしていくうえでの大きな道しるべとなっていた。佐藤コーチとの出会いが、僕が先生や指導者への道を考える一つのきっかけになったのだった。

当時、僕らのチームは県大会でも上位に行けるチームだった。そこまで圧倒的に強かったわけではないけど、力のある選手は何人かいた。僕も県選抜に選ばれるなど、一生懸命取り組めば取り組むほど、自分の実力がついていくのがわかったことも、サッカーに夢中になれた要因だった。

小学6年生になると、徐々に周りに目を配れるようになった。僕の1学年下に女の子が選手として所属していたが、2人1組の練習のときには彼女が余ってしまうことがあった。それに気づいた僕は、「一緒に練習しよう」と声をかけて、彼女とボールを蹴ることもあった。

冷静に周りを見て、寂しい思いをしている人に目がいくなんて、私生活では考えられなかった。でも、日常生活では気づけなかったり、行動できなかったりすることが、なぜかサッカーになるとできてしまう。

だからこそ、僕のなかでサッカーは特別なもので、サッカーからいろんなことを学ばせてもらった。決して勝利至上主義ではなく、仲間とともに、スタッフとともにつかみとることがサッカーの醍醐味であることを、ここで教えられた。

オレンジと青のユニフォーム

小学６年生の９月のある朝。僕に転機が訪れた。自分の部屋からリビングに行くと、父がソファに座っていた。

「史哉、お前ここを受けてみろ」

そう言って僕に手渡したのは、アルビレックスジュニアユースのセレクションの案内用紙だった。

このとき、僕は中学校に進学したら、小針中学校のサッカー部か、近くのクラブチームに入ろうと思っていた。アルビレックスのジュニアユースといえば、新潟のエリートたちが集まる場所で、小学生でいうと、アルビレックスのジュニアチームには「スペシャルクラス」というものがあって、小学年代の上手い選手が集まっていた。

それを遠巻きに見ていたときは、

「こんな環境のいいところでエリートとしてやりやがって。お前らには絶対に負けねえぞ」

と、ずっと思っていた。ジュニアユースはスペシャルクラスの選手たちも入ってくるだけに、アルビレックスのトップチームは大好きだったけど、ジュニアユースに入ることは、正直、抵抗があった。

はっきりしない態度をとっていた僕に、父は「とりあえずでいいから受けてみろ」と言うので、僕もそれを素直に受け入れた。

当時、成長期が早くきていた僕は、ほかの選手と比べて体が大きいほうで、スピードもあるほうだった。それもあり、セレクションは自分でも驚くほど順調に進み、最終的には2次セレクションもパスして、アルビレックスジュニアユースへの入団が決まった。

「受かったのなら行こうかな」

このとき、僕はこんな軽い気持ちだった。もちろん、プロサッカー選手になるために必要なことだとはわかっていた。でも、正直、ジュニアユースに入る重要性をそこまで考えていなかった。

中学に進学すると、学校が終われば、アルビレックスジュニアユースの練習に向かう日々が始まった。小針中の近くに集合場所があり、そこからマイクロバスで練習場がある聖籠町のアルビレッジまで送迎してくれる。

アルビレッジに着けば、ジュニアユース用の着替えのスペースがある。そこでチームカラーであるオレンジと青の練習着を着て外に出ると、目の前には陸上トラックに囲まれた一面の人工芝ピッチがある。小道を挟んだ奥には天然芝ピッチがあり、そこでは憧れの野澤選手を始め、トップチームの選手たちが練習をしている。

ずっと土の校庭で練習をしていたこれまでとは雲泥の差の環境に、最初は本当に驚いたし、ここでサッカーができる幸せを感じた。

一方で小針中は、生徒全員が何かしらの部活に所属しないといけない決まりがあり、僕はサッカー部に籍を置くことになった。当然、アルビレックスジュニアユースの活動が優先され、僕がサッカー部の練習に参加することはほぼない。ジュニアユースの練習がオフの火曜日だけ練習に参加していたが、そこである異変に気がついた。

小学校時代のチームメイトの選手たちは、ほぼサッカー部に入っていたが、彼らの僕に対する態度がよそよそしかった。以前だったら話しかけてくれるのに、向こうから自分に近づいてこない。それどころかちょっと冷めた視線を感じる。

どうやら周りは僕がそのまま小針中のサッカー部でサッカーを続けると思っていたのに、いきなりアルビレックスジュニアユースに入ったことで、仲間のなかで「裏切り者」と思われていたのだった。

「あーあ、やっぱりアルビの選手は違うなぁ」

サッカー部の練習に参加してた際に、嫌味を言われることもあった。陰湿ないじめとかは一切なかったが、かつての仲間との距離を感じるようになった。

でも、僕は裏切り者と思われても仕方がないと思っていたし、アルビレックスの一員となる以上、これまでのように学校や私生活でもやんちゃはできないと思っていた。

なぜならアルビレックスジュニアユースに進む際、母から「自分だけは特別だと思ってはいけない」「中学校の行事や掃除などをおろそかにして、バスに乗って練習に行ってしまうようなことをするんだったら途中で辞めさせる」と言われており、僕もそれを約束していた。

「最初は裏切り者と言われても仕方がない。ここから俺の姿勢で距離が近づけばいいいんだ」

今まで通りにはいかない。それを受け入れて、責任ある行動をとることで周りに自分を認めさせたい。アルビレックスの一員としてだけではなく、小針中のサッカー部員として、いち生徒として、勉強や行事への参加、学校生活における態度まで意識して立ち振る舞うようになった。

これは本音を言えば、相手に付け入る隙を与えたくなかったし、ある意味これは自己防衛でもあった。

小学校時代にもっていた2面性が薄れていったことで、サッカーにしても、もっと成長することができた。アルビレックスでは中学1年生のときから、中学2年生、3年生のチームの練習に参加し、試合にも出場していた。さらに、新潟県選抜から北信越選抜に選ばれるようになり、中学1年生の終わり頃にはナショナルトレセンにまで選ばれた。

一方で、サッカー部の練習にも顔を出し、そこでも一生懸命プレーした。練習の準備や後片付けも一緒にやって、中学の地区大会があるときは、ベンチや本部の設営など、運営の手伝いをしたり、試合中は応援もしたりした。それは、自分のなかで「部員だから当たり前のこと」で、自分だけが特別という意識は一切もたなかった。

そうした姿勢を見てくれてか、徐々にかつての仲間との距離が縮まっていき、中学1年生の終わり頃にはもう壁はなくなっていた。

中学2年生、3年生とナショナルトレセンに入り続けた僕は、新潟では名を知られるようになっていた。でも、母の言いつけは守り続けた。中学校では応援委員会の副委員長をやって、学校行事には積極的に参加したし、サッカー部の練習にも時間があるときは通い続けた。

アルビレックスジュニアユースの堀澤清監督からは、「このクラブのエンブレムをつけている者として、挨拶や日常生活をきちんとするように」と自覚と責任を植え付けられたことで、アルビレックスというクラブへの愛着はさらに増した。

アルビレックスのトップチームの試合も、小学校時代と変わらず観戦に行っていた。このときは新潟市陸上競技場ではなくビッグスワンで、ジュニアユースに所属していたため、チーム全員で観に行くことが多かった。

見るたびに「あのピッチに立ちたい」という思いは強くなった。サポーターの数も多く、より一体感をもったビッグスワンの雰囲気は僕にとって刺激的で、同じエンブレムが入ったジャージやユニフォームを着ている自分に誇りをもつことができた。

一方、ナショナルトレセンに行けば、自分より遥かに能力の高い選手たちがずらりとそろっていた。

なかでも中島翔哉という天才との出会いは衝撃的だった。

翔哉は圧倒的な技術とサッカーセンスをもちながらも、時間さえあればボールに触れ続け、いつも楽しそうにボールを蹴る。誰よりもサッカーが大好きなサッカー小僧と過ごす時間は、ものすごく大きな刺激となった。「こういう選手が上に行くんだな」と、まざまざと「上には上がいる世界」を痛感させられた。

僕にとって中学生の3年間はいろんな世界を見ることができた充実した時間だった。毎日学校に行くのが楽しかったし、これまでの小針小だけの世界から、中学生という広がった世界、アルビレックスを通じて見える世界、そしてナショナルトレセンで見える世界。どれも僕にとっては居心地が良くて、天狗になることなく、3年間を過ごすことができた。

そのなかで、ある思いが芽生えた。やんちゃだった僕を変えてくれたのは間違いなくサッカーだけど、そこで出会ったサッカーの指導者、先生たちこそが、僕を人間として成長させてくれたのではないかという思いだった。僕の目にはアルビレックスのプロ選手もキラキラして見えたけど、これまで僕に関わってくれた指導者もキラキラして見えていた。

中学3年生でそろそろ進路を決めないといけないという時期に、光栄にもアルビレックスユースに昇格できる話をいただいた。昇格できない選手もいるなかで、こうした話をもらえることは嬉しかったが、すぐに決断を下すことができなかった。

「もしこのままユースに行ってしまったら、先生になれないんじゃないか」

僕のなかで「プロサッカー選手になりたい」という思いと同時に、「先生や指導者になりたい」という思いがどんどん強まってきていた。

もちろん、サッカーは大好きだし、プロサッカー選手になりたいけど、それがすべてではなく、自分のなかできちんと勉強することも大切だった。

いろいろ考えて、県下有数の進学校である県立の新潟南高校に進学するか、同じく県立でサッカーも強い新潟西高校に進学するか、ユースに昇格してプロを目指すか、この3つの選択肢が残った。

勉強に集中するのか、サッカーと勉強の両立か、それともサッカーに集中するか。本当に迷った。一カ月近く結論が出せず、家族会議も開いた。その間はユース昇格を決めた選手はユースの遠征に帯同していたが、僕は新潟に残って迷い続けた。

だが、最後は、

「やっぱりサッカーをしたい、一生懸命サッカーをしたい。それにユースに行ったからといって高校に行かないわけではないし、勉強を一生懸命やればいいいだけ。自分次第だな」

そう思えたことで、僕は最終的にユース昇格を決断した。

94ジャパン

ユースに昇格し、僕はアルビレックスと提携している開志学園高校の通信制クラスに進学した。1年次から出番をつかむと、僕はU－15日本代表、通称「94ジャパン」（1994年1月1日生まれ以降の選手で構成されているため、そう呼ばれた）に選出された。

これまでのナショナルトレセンと違って、2年後のFIFA　U－17ワールドカップを目指す日本代表とあって、僕も身が引き締まる思いで合宿に参加した。

チームを率いていたのは吉武博文監督。吉武監督はもともと中学校の数学の先生で、指導者としてもサッカーを深く理解していて、かなり理論的にサッカーを落とし込む人物だった。高校1年生の6月の「94ジャパン」の大阪合宿でいきなり吉武監督から心に刺さる言葉をもらった。

「君たちはもう『一般人』じゃない。公の人、『公人』だ。つねに周りから見られている存在であることを自覚しないといけない」

全体ミーティングでの吉武監督の言葉は衝撃だった。ナショナルトレセンに選ばれたあたりから、薄々周りから「スポーツエリート」という目で見られていることを感じていたが、そこまではっきりと言われたことはなかった。

公人ということはふざけた態度ではいけないし、日本代表選手としての責任がある。より自覚をもって取り組まないといけない。背筋がピンとなる思いだった。

同時に僕自身も選手として悩み始めた時期だった。中学までは多少フィジカルやスピードで優位な部分をもっていたのが、周りの選手の体もどんどん大きくなって、その優位性を生かしきれなくなっていた。

とくに「94ジャパン」では僕が早生まれで入っているため、多くの主軸メンバーは1学年下の選手で、彼らも合宿で会うたびに体が大きくなったり、驚くような成長を遂げたりしている。

この代表から一緒にプレーするようになった南野拓実の存在は、僕にとって、いちばんの衝撃だった。ゴール前での嗅覚はずば抜けていて、必ず点が取れるポジションにいて、確実にゴールを決める。当時から存在感が違って、まさに「エース」の風格を漂わせていた。

「俺はどうやったらこのチームで生き残っていけるのだろうか、こいつらと高いレベルでサッカーができるようになるのだろうか?」

このままでは自分は彼らに押し出されて、このチームにいられなくなる。強烈な危機感を抱き、サッカー選手としての自分のありかた、生きかたを考えた。

そんな悩む姿を、吉武監督は見てくれていた。

「史哉の良さはバランス感覚と、全体の動きを見ることができること。動きながら正確にボールをコントロールするプレーができるから、複数のポジションをハイレベルでこなせる。そこをもっと伸ばしてほしい」

僕の長所をはっきりと伝えてくれた。僕は拓実や翔哉のように強烈な個性はないが、組織の一人として機能できる自信はあった。だからこそ、それぞれの選手の特徴を普段からしっかりと見て把握し、その個性を自分がうまくつなぎ合わせながらプレーすることを心がけた。

ピッチ外での立ち位置もかなり考えた。僕は1学年上の存在だったので、「チームのお兄さん的な役割」を買って出ることで、その場の雰囲気やみんなの表情を見て、自分がどう対応すべきかを考えた。

南野拓実、室屋成、岩波拓也、同じアルビレックスユースの川口尚紀と、1学年下はやんちゃな選手が多く、僕と同じ早生まれの鈴木武蔵も明るいキャラクターで、いつも彼らが中心になってチームを明るくしていた。

一方で中島翔哉、喜田拓也、植田直通、中村航輔、石毛秀樹、深井一希、松本昌也、秋野央樹といった選手たちは大人しいというか、明るい選手たちを優しく包むように見守るような立場だった。

僕は時には明るい選手たちのなかに飛び込んで、一緒にワイワイ騒いだり、喜田や秋野たちの側に立って明るい選手たちを客観的に見ながら雰囲気を落ち着かせたりと、状況に応じて立場を使い分けていた。

サッカー選手としてだけではなく、まるで先生や指導者の立場のように全体像を把握して、チームがより円滑に進む方法も考えるようになった。

FIFA U－17ワールドカップのアジア最終予選であるAFC U－16選手権では、背番号10とチームのキャプテンを任されたことで、よりチームを俯瞰《ふかん》することを学んだ。

AFC U－16選手権はウズベキスタンで行われ、慣れない異国の環境と、食べ物や水が合わず体調を崩す選手が出るなかで、僕はつねに自己管理とチーム管理の2つを頭に入れて立ち振る舞った。

チームはFIFA U－17ワールドカップ出場がかかった準々決勝で、U－16イラク代表を3－1で下して、最低目標であった世界への切符をつかんだ。

次の準決勝でU－16北朝鮮代表に敗れてしまったが、僕は５試合中４試合にフル出場し、10番とキャプテンの責務をはたすことができた。

アルビレックスユースでも俯瞰的に物事を見るスタンスは一緒で、当時、ユースの監督に就任していた片渕浩一郎さんが何を考えて、どういう意図をもって練習や試合をしているかを考え、時には積極的にコミュニケーションをとりながら、代表で培った視点とすり合わせて自分の感覚を磨いた。


高校3年生の春、片渕さんと2者面談があった。

「史哉は来年トップチームに昇格する可能性が高いが、どう思っている?」

トップ昇格ということは、アルビレックス新潟でプロサッカー選手になれることを意味する。クラブ的には僕をトップに上げるという評価をしてもらった。感謝の気持ちはあったが、やはりここでも先生や指導者になる思いは強く残っていた。

「片渕さん……すみません。大変光栄な話なのですが、僕は体育の先生になりたいし、サッカーの指導者にもなりたいので、トップ昇格もしたいですが、教員免許が取れる大学に行きたいです」

僕は自分の思いを素直に伝えた。すると片渕さんは真剣な表情で僕の話を最後まで聞いてくれた。

「なるほど、史哉はそこまで考えているんだな」

そして、片渕さんは僕にこう語りかけてくれた。

「もちろん、クラブ側の人間としては史哉にトップに上がってほしい。でも、史哉の考えもよくわかるし、決して間違っていない。俺も高校を卒業してプロに行こうか迷ったけど、先生や指導者になりたくて東海大学に進んで教員免許を取ったよ。幸い、大学を経てプロ（サガン鳥栖）に入れて、アルビレックスでもプレーできて、先生にはなっていないけど、こうして指導者になることができた。史哉は遅かれ早かれ、指導者という立場になれる人間だから、大学に行く選択も悪くないと思う」

嬉しかった。いつも僕の周りには厳しくても、僕の思いを尊重してくれる素晴らしい指導者がいる。だからこそ、僕はサッカー選手と同じように先生や指導者に憧れをもち続けられた。

「私立なら日本体育大学とか体育系の大学もあるし、国立だったら筑波大学という選択肢もあるぞ」

片渕さんは親身になって自分の将来を考えてくれた。僕は涙が出るほど嬉しかった。

世界という舞台

2011年6月。僕は新潟を離れ、メキシコの地にいた。FIFA U－17ワールドカップに出場するU－17日本代表のメンバーに選ばれ、世界の強豪と戦うためだ。

グループリーグではジャマイカ、フランス、アルゼンチンと対戦。初戦のU－17ジャマイカ代表戦に左フォワードとしてフル出場すると、第2戦のU－17フランス代表戦でも左フォワードとしてフル出場。第3戦のU－17アルゼンチン代表戦では、左サイドバックとしてフル出場して、2勝1分けのグループ1位通過に貢献することができた。

決勝トーナメント初戦となるU－17ニュージーランド代表戦では左フォワードでフル出場。この試合で僕は2ゴールを決めることができた。石毛秀樹のシュートのこぼれ球を押し込むと、5－0で迎えた終盤に秋野央樹のスルーパスに抜け出して、ゴール。6－0の完勝で、準々決勝に進むことになった。

2011年7月4日。迎えた準々決勝のU－17ブラジル代表戦。

メキシコの中部にある世界遺産にも登録されている観光都市・ケレタロで、僕は「上には上がいる」ことを改めて痛感させられた。

その日は左フォワードで、5試合連続スタメン出場をはたした僕は、目の前にいるテレビや雑誌でよく見ていたカナリア色のブラジル代表のユニフォームを身にまとった選手たちのパワーとスピードに驚愕《きょうがく》した。

パスで相手を支配するサッカーをやってきた僕らは、この試合でも変わらずに実行しようとするが、ブラジルの前への圧力は相当なものだった。鋭い出足にパスが引っかかり出すと、開始早々にセットプレーから失点を喫した。

「ブラジル、強い……」

そこで僕らは必要以上に相手をリスペクトしすぎてしまった。そこからチームは崩れ、0－1で迎えた後半にさらに2点を奪われ、残り30分で0－3と大きくリードを広げられてしまった。

しかし、ここから僕らは反撃に転じた。

「最後まで自分たちのサッカーをやりきろう」

これまでやってきた「94ジャパン」のサッカーを最後まで表現し続ける。想いは一つだった。65分に喜田拓也に代わって中島翔哉が、75分に南野拓実に代わって高木大輔が投入されると、77分に大輔の折り返しを翔哉が決めて1点を返した。

「まだまだ、行けるぞ！　追いつくぞ!!」

僕は周りに叫んだ。1点返したことで勢いに乗ったチームはさらにブラジルを攻め立て、87分に右コーナーキックを得た。このとき、僕はゴールキーパーの近くでポジションを取っていた。石毛のキックが僕の頭上を越えていくと、ファーサイドに飛び込んだ岩波拓也が左足を懸命に伸ばして折り返した。このボールがバーを叩くと、僕の目の前に落ちてきた。

この瞬間、僕の体は勝手に動いた。ボールのバウンドに合わせてヘッドでゴールにボールを押し込んだ。

2－3。ブラジルを相手についに1点差に迫ったことで、メキシコの人たちで満員に膨れ上がっていたケレタロのスタジアムのボルテージは最高潮に達した。

スタンドからは「ハポン、ハポン！」と日本コールが地鳴りのように響き、完全に日本のホームと化していた。

僕もその声援に後押しされるように、気持ちを前面に出してプレーをした。

でも、届かなかった。タイムアップのホイッスルが鳴り響いた瞬間、チームメイトの多くはその場でうずくまって涙を流していた。僕は悔しさに支配され、涙すら出てこなかった。

ブラジルは本当に強かった。残念ながら僕らはベスト8で大会を去ることになってしまったが、試合後の場内一周では、今まで経験したことがないくらいの拍手と声援を受けた。

「素晴らしい光景だな。楽しかったな。もっとこのメンバーで戦いたかったな」

いろんな感情がこみ上げてきたが、ずっと残っていたのが感謝の気持ちだった。グループリーグを負けなしで1位通過し、ラウンド16で大勝し、準々決勝でブラジルをあと一歩まで追い詰めた。

すべての経験が僕にとって宝物で、その空間にいた吉武監督、スタッフ、チームメイトは苦楽を共にしたかけがえのない仲間だった。

5試合すべてにフル出場。ベスト8進出と3ゴール。僕にとってFIFA U-17ワールドカップは「魅力に溢れた非日常の世界」で結果を残すことができたし、一緒に戦った「94ジャパン」は家族のようなチームとして、深く心に刻まれた。

世界を経験し、8月に再び僕はトップ昇格を打診してもらった。

片渕浩一郎さんと神田勝夫さんとの3者面談で、神田さんから「クラブとしては史哉をトップチームに上げたい気持ちに変わりはない」という言葉をいただき、「でも、大学に行きたい気持ちはあるんだよね」と変わらぬ気遣いもいただいた。

世界のトップレベルを目の当たりにして、僕のなかでも「もっとサッカーが上手くなりたい。世界に行きたい」という気持ちが芽生えたのは間違いなかったが、「94ジャパン」の吉武監督の姿を見て、ますます先生と指導者への憧れも強くなっていた。

「はい、評価していただける気持ちは本当に嬉しいのですが、やっぱり大学に行きたい気持ちは変わりません」

決意を伝えるべく、神田さんと片渕さんを真剣な眼差しで見つめ、僕ははっきりとこう言い切った。すると、神田さんは優しい笑顔を浮かべて、こう返してくれた。

「……わかった。大学で頑張ってほしい。クラブとしては史哉が4年間でさらに成長して、ぜひアルビレックスに戻ってきてほしい」

身が引き締まる思いだった。神田さんと片渕さん、そしてアルビレックスの思いがひしひしと全身に伝わった。

「もちろんです。そうなるように4年間全力を尽くします」

周りからはトップ昇格を断ったように見えるが、僕のなかではアルビレックスによって大学に行かせてもらったという感覚のほうが大きかった。

そののち、僕は筑波大学の練習に参加させてもらった。筑波大学は施設も充実していて、何よりも風間八宏監督の指導が魅力的で、迷わず筑波大学に進学することを決めた。

桐の葉のエンブレム

2012年4月。僕は筑波大学に入学した。

自分で決めた道だからこそ、一切の言い訳はできない。4年後にプロになれる保証もないし、さらにその先に先生や指導者になれる保証もない。すべては自分次第。裏を返せばこの環境こそ、僕が求めていたものであり、新鮮な気持ちで4年間をスタートさせることができた。

風間監督の指導で技術的な部分はもちろん、それを考え、実行する「フットボール脳」も相当鍛えられた。考えかた一つで世界が変わることがわかったし、ボールを正確に止める、蹴る、それを意図してコントロールする。毎日が新鮮だった。

しかし、風間監督が川崎フロンターレの監督に就任することが決まり、筑波大学蹴球部の監督を退任してしまった。

たった3カ月間だったが、風間監督の教えは僕のなかで大きな財産となった。その後も自分のなかで工夫しながら、風間監督の教えを具現化するためにトレーニングに励むことができた。

そして、大学3年の春、僕の人生にとって重要な人物との出会いをはたす。

小井土正亮さん。その翌年に筑波大学蹴球部の監督に就任する小井土さんがコーチとしてやってきたのだった。

小井土さんのトレーニングはすごく緻密《ちみつ》で、「そこまで考えているのか」と思うほど深いものだった。つねに頭を使いながらも、体に徐々に刺激を与えていくトレーニングをこなすにつれて、自分のコンディションの向上と成長を実感することができた。

さらに日々の練習、試合でのデータをしっかりととって、その日の練習の意図や狙いをディスカッションしてくれた。

「ここまでやって初めて、選手に自分の意図や考えを伝えることができるんだ……」

ここでも僕は選手目線と指導者目線で小井土さんの立ち振る舞いや放つ言葉を感じ取っていた。

「小井土さんは日々どんなことを考えて過ごしているんだろう」

僕は小井土さんに対してものすごく興味を抱くようになり、気がつくと自分から積極的に話しかけて、疑問をぶつけるようになった。それに対し、小井土さんは嫌な顔一つせずに、僕に一つひとつ丁寧に教えてくれた。この議論が楽しくて、僕は毎日のように小井土さんと話すようになった。

この年、筑波大学は関東大学サッカーリーグ1部で不振を極め、蹴球部史上初となる2部リーグ降格の憂き目にあった。不動のレギュラーだった僕は、大きな責任を感じた。

「絶対に1年で1部に戻す」

決意を固めた僕は、周りからキャプテンに推薦してもらい、引き受けることにした。

2015年。キャプテンとなった僕は、監督に就任した小井土さんとのコミュニケーションがより深いものになっていった。

小井土監督体制でスタートしたチームとして、どういう考えをもって組み立てていくのか、そのなかで自分にできることは何かを知りたくて、何度も議論を重ねた。この頃になると、僕は勝手に小井土さんの研究室におじゃまをして、いろんな話をしたり、研究室にある本を持って帰って読んだりしていた。

その日々は、僕にとってつねに「学び」だった。

小井土さんは練習メニューを決める話し合いや、試合に向けたスタッフの話し合いにも呼んでくれて、一選手でありながら一緒にそのときのチーム状況などに即した練習メニュー、試合に向けた戦略の構築作業に携わることができた。

選手と監督という関係ではなく、一人の人間として信頼関係で固く結ばれていた。この時間は僕にとって本当に刺激的で、幸せな時間だった。

より先生や指導者になりたいという気持ちが強くなった僕は、大学の授業にも出席し、提出物も遅れることなく出して、必要単位は一つも落とさなかった。

夢に続く道

そんな僕に嬉しいニュースが届いた。

大学3年のときからアルビレックスの強化部の寺川能人さんがずっと僕の試合を観にきてくれていた。

大学4年の4月末に僕は膝を負傷し、離脱していたが、5月の頭に寺川さんが筑波大学にやってきた。

「クラブとして史哉を獲得したいと思っている」

こう伝えられたとき、心から嬉しかった。自ら筑波大学を選んだとはいえ、4年越しの想いが結実した瞬間だった。

「僕はアルビレックス以外、考えていません」

この言葉を言える日がついに来た。寺川さんにそう伝えると、その後アルビレックスから正式に獲得のオファーが届き、僕もそれにすぐ応えた。

7月7日の七夕の日に、僕のアルビレックス新潟加入内定が発表された——。

プロサッカー選手になる夢はかなった。だけど、僕にはもう一つの夢がある。

２０１５年5月から6月にかけて、僕は筑波大学の近くにある手代木中学校で教育実習をした。

僕が受けもったのはおもに中学2年生の保健体育の授業と、あるクラスの担任補佐だった。教育実習の日々は僕にとって、すべてが想像以上のものだった。

最初の授業はお互い初めての緊張感だったり、まだ受け入れられていないというか、警戒心もあったのか、投げかけても生徒から意見が出なかったり、教室がものすごく静まり返ったりしていて、距離感があった。

そこで距離感を詰めるべく、僕から積極的に話しかけることを意識した。

さらに、毎朝の出席確認のときに、最初は名簿を見ながら名前を呼んでいたが、生徒の顔と名前を覚えて、名簿を見ずに言えるようになったときに、生徒たちみんなが嬉しそうな顔をしていたのが印象的だった。それが、さらに距離が近づいた瞬間でもあった。

授業の回数を重ねていくにつれて、お互いが歩み寄るように距離が近づいていくのが実感できた。それにより生徒たちの地の部分が見えるようになり、とくにサッカー部の子たちが興味をもって集まってくれるようになった。

教育実習を通じて思ったのは、子どもたちのエネルギーがすさまじいということ。そして、何かを達成したときのキラキラした笑顔だったり、目標に向かっていくパワーだったりを間近で感じることができた。

僕にとって教育実習はたった3週間だったけど、人との関わり、先生だからといって上からではなく、同じ目線に立って接する、コミュニケーションをとりあって、一人ひとりを独立した個人として見てあげることの重要性を学んだ。それはすなわち、これまで数々の指導者や先生が僕にしてくれていたことでもあった。

「先生としてまたこの現場に戻ってきたいな」

僕のなかで将来の夢がさらに広がった。

2016年、大学の卒業を迎えた。無事にアルビレックス新潟の選手としてプロサッカー選手になることができ、教員免許も取得できた。

ここから僕の人生は夢に向かって一直線、となるはずだった――。

第3章

窓の中、窓の外

病名の公表

「恵まれた人生だったな……」

病室の窓から日本海を眺めながら、僕は自分の半生を振り返った。

「正直、ここで死んでも悔いはないかな……」

人はやり残したことがあったら、「あのときこうしておけばよかった」と後悔をしてしまうと思う。

でも、僕はそもそもプロサッカー選手になれるとは思っていなかったなかで実現し、Jリーグの試合に出られるとは思っていなかったが、出場することができた。すべてが予想以上の出来事だった。

もちろん、試合に出ることで、もっと試合に出続けたいとか、もっと上に行きたいという思いは芽生えた。けれど、病気になる前の自分の人生を振り返ったときに、一切の後悔がないなと感じたがゆえに、「ここで終わってもいいかな」と思っていた。

しかし、自分の未来を考えたときに、思いは少し違った。僕はとにかく「この先の景色」が見たくなっていた。

過去はもういい。今、自分の目の前にあるのは将来へ続く道のみだった。治療入院の直前、僕は両親にこう言っていた。

「俺、もうこれまでの人生に悔いはないよ。でも、この先はやっぱり見たい。だから絶対に治して、もう一度、新しい景色を見るよ」

僕は学校の先生にもなりたいし、Ｊリーガーとしてもう1回ピッチに立ちたい。いろんなことに挑戦したい。だから、まだ死にたくない。

死を受け入れようとする自分に対抗するように、未来を生きようとする自分がいる。その闘いのなかで、「俺、死ぬのかな」と思った瞬間に、「やっぱり、この先を見たい、もっとこの先を楽しみたい」という思いが出てくる。これが僕の生きることへの原動力となった。


２０１６年６月13日。ようやく僕の病名はアルビレックスのオフィシャルウェブサイトを通じて、世間に公表された。そして、僕は素直な気持ちを綴った。

〈いつも応援してくださりありがとうございます。

サポーターの皆さんから受ける応援は幼い頃から夢見ていたもの以上であり、いつも自信や力を与えてくれました。だからこそもう一度、みなさんに元気な姿をお見せできるように病気と闘います。厳しい闘病生活になると思いますが、病気と闘う姿勢や復帰を目指す歩みかたを通じて、同じ病気や様々な病気と闘っている人、多くの人に勇気や希望を与えることができればと感じています。

華やかじゃないけど、自分らしく地道にコツコツと。

もう一度大好きなクラブ、アルビレックス新潟に戻ってこられるように頑張ります！〉

その日、携帯電話の着信が止まらなかった。いったい何が起こっているのかを把握しきれていないサポーターや仲間もいた。僕は比較的冷静だったが、周りがちょっとしたパニックを起こしていた。

その一方で「早く良くなりますように」「今はゆっくりと体を休めて治療に専念してほしい」「いつか必ず戻ってきてください」など多くの心温まるメッセージが届いた。こうしたメッセージは闘病中、僕の心を何度も支えてくれた。

実は発表の前の週に、ずっと心配してくれた筑波大学蹴球部監督の小井土正亮さん、南野拓実、岩波拓也などに真実を電話で打ち明けた。

拓実に電話をするとき、これまで同じ日本代表のユニフォームを着てプレーした思い出が溢れ出した。今、拓実はオーストリアでプレーしている。海外で奮闘する友に、少しだけ勇気をもらいたかった。


「拓実、久しぶり」

「久しぶりやな、史哉」

「ちょっと報告があって……」

「ど、どうしたの？」

雰囲気を悟ってか、電話越しに拓実は少し動揺していた。

「俺……白血病になっちゃった」

「マ、マジかよ……」

拓実は言葉を失っていた。うまく言葉を出せない拓実を察して、「すぐにどうこうなる話じゃないから、俺もここから治療が始まるから、負けないように頑張るよ」と伝えると、拓実は「そ、そうだよな……」と言葉に詰まっていた。

「大丈夫、もう一度一緒のピッチに立てるように頑張るよ」

僕はそう言って、逆に拓実を励ますような声をかけた。

小井土さんも拓也もみんな同じようなリアクションだった。それくらい自分に襲いかかった病魔はみんなが知っていて、その病の大きさも理解できるものだった。

みんな言葉を失い、最終的には僕が決意を語って、明るく振る舞って電話を切る。受けた側からすればかなり難しい電話だったと思う。でも、僕はみんなの声から勇気を与えてもらった。


発表後、アルビレックス新潟が僕のために動いてくれた。

僕が病気に打ち勝って、ピッチに戻ることを目的とした「アルビレックス新潟　早川史哉選手支援基金」が開設され、選手会長の守田達弥さんが中心となって、2016年から2018年にかけて、トップチーム、アルビレックス新潟レディースのホームゲーム、クラブイベントなどで募金活動を行ってくれた。

この基金への協力の輪はアルビレックスを超え、守田さんがJリーグの選手会に掛け合ってくれて、各クラブでも募金活動をしてくれた。岩波拓也、秋野央樹、中村航輔など、「94ジャパン」の選手たちも呼びかけに参加してくれ、さらには、母校の筑波大学蹴球部も協力してくれるなど、支援の輪が広がっていった。

さらに、多くの励ましのメッセージが病室に届いた。Jリーグクラブの多くからも選手全員の寄せ書き入りのフラッグやユニフォーム、練習着をいただき、なかでもヴイッセル神戸は拓也が中心となって、ヴィッセルの28番のユニフォームの背中に「HAYAKAWA」と僕のネームを入れてくれて、そこに寄せ書きとサイン、「みんな仲間。トモニイコウ」というメッセージを添えてくれた。さらに、僕が教育実習をした手代木中学校の生徒からの寄せ書きもあった。

本当にアルビレックスとサッカー仲間の大きな愛情を感じた。

みんなが僕を支えようとしてくれているのに、後ろ向きになるわけにはいけない。絶対に生きよう。この病気と向き合おう。そう思った。

漆黒の闇

固まる覚悟とは裏腹に、ここからさらにこれまで経験したことがなかったような事態が次々と僕に襲いかかり、徐々に僕の日常から「活力」を奪っていった。

それは忘れもしない2016年6月16日の夕方のことだった。

クラブ発表から3日後、僕は病室にあるシャワールームで髪の毛を洗っていた。お湯で頭を洗い流したあと、足元に違和感を覚えた。

「な、なんだ……この感じ……」

僕は恐る恐る目を開けて、足元を見てみた。

「……えっ……」

床が真っ黒になっていた。

「えっ……うっ！」

その黒の正体は自分の髪の毛だった。

治療前に医師や薬剤師さんから、抗がん剤の副作用による脱毛についての話は聞いていた。抜け落ちる髪を見るのが嫌で、僕は10日前に出張カットをお願いして、病室のなかで丸坊主にしてもらっていた。

それにもかかわらず、その短い髪の毛すらほぼすべて抜け落ちていたのだった。

「お、おえっ……」

その光景を見た瞬間、いきなり吐き気に襲われ、僕はそのままシャワールームで吐いた。しゃがみこむと、より目の前に黒い塊が見える。さらに嘔吐を繰り返した。

あらかじめ聞いて理解しておいたことと、実際に目の当たりにして経験することの違いによる精神的なダメージの大きさに、そのとき初めて気づいた。

恐ろしい程変化していく外見。それに加え、段々とアスリートとしての自分の体が細くなっていくのがわかるのも怖かった。筋肉で張りがあった脚や腕も、どんどん柔らかくなっていくことが、ものすごくショックだった。

「このまま終わってたまるか……」

調子が良く、部屋から出てもいい時期には、10階にある病室から2階にあるリハビリ室に行って、エアロバイクを漕いだ。

少しでも体力を維持しておきたい。その一心で何かに取り憑《つ》かれたかのように漕いだ。それに僕にとってエアロバイクを漕いでいる時間は、無心になれる瞬間であり、体が動いている実感を得られる重要な時間だった。

当然、周りにはほかにもリハビリをしている人たちがたくさんいた。周りの人たちが比較的落ち着いた雰囲気で各々リハビリに励んでいるなか、僕はエアロバイクをひたすら黙々と漕いで、汗をたくさんかいていた。

その姿は、かなり異様に映っていたようだった。

ある日、医師から「リハビリ室で本気になってエアロバイクを漕いでいる人がいるって噂になっているけど、それってもしかして早川さんですか？」と言われた。どうやら周りの人の噂になっているほどだったらしい。

でも、そのときは周りの人の目なんて関係なかった。僕は無心にただただ黙々と漕いだ。しかし、徐々にエアロバイクを漕ぐことも難しくなっていった。

抗がん剤治療は、延々と続いた。２０１６年６月から11月頭まで、１週間やって１週間休んだり、１日やって２日あけたりを繰り返した。治療期間が続けば続くほど、肉体的にも精神的にも消耗が激しくなっていった。

いつしか僕は病室のベッドで横になったり、座わる時間が長くなっていった。

病室の時の流れは、とにかく遅い。ゆっくりではなく、遅いのだ。

１日が全然過ぎてくれない。もう考えを張り巡らせる気力も残っていなかった。もう、考え尽くしてしまったと言えばいいのか、今の僕にできることは、ただ耐えること、時間が過ぎていくのをひたすら待つこと。それしかなかった。

ベッドに横たわり、病室の窓をぼんやりと眺める。夜はただひたすら窓の外が明るくなるのを待っていた。明るくなれば海が見える。海を見ることができれば、それだけでいくばくかは時が流れていく。

でも、日が落ちていくにつれて、どんどん不安が募っていく。

「また、時が止まったような暗闇が来るんだ……」

周りが漆黒の闇に包まれたとき、僕の心も真っ暗だった。

唯一の心の拠り所だった窓からの光が遮断される。自分が空っぽになるというか、空っぽにしないと闇に飲み込まれてしまうというか。時計を見ることすらも恐怖に感じるが、どうしても小刻みに時計を見てしまう。当然、時計の針は全然進んでいない。

「なんだよ……」

窓の外は真っ暗だがうっすらと海が見える。僕は基本的にブラインドを下げなかった。ブラインドを下げてしまうと、外とのつながりを遮断されると思ったからだ。

僕にとって外の世界は「自由」の象徴だった。

入院してからずっと、外への憧れを抱いていた。「外＝自由」の場所に行きたいけど、自分は見つめることしかできない。それがものすごくもどかしかった。普通の人なら、何の意識もなく外に出られるのに、その当たり前の日常すらも僕はできない。

外への憧れ。それを遮断する窓。そこに自らの手でブラインドまで下げてしまったら、より自由から遠ざかる。だから僕はブラインドを一切下げなかった。

抗がん剤を投与し、しばらく休み、また投与する。

この繰り返しだ。ひたすら１日、１日を耐える。僕にはそれしかできなかった。

しんどいときは面会もできなくなり、もうサナギになった気分だった。音楽を聴いたり、動画を見たりするような気力もなく、かつ時間だけは異常なほどゆっくりと過ぎていく。まるで繭《まゆ》のなかの蚕《かいこ》のように布団に包まれていた。

でも、僕にはいくつもの心の支えがあった。その一つが、やはりサッカーだった。

つらいときや夜にサポーターや仲間からのメッセージを読み返したり、「早川史哉」という自分の名前を調べたりして、そこに上がっているメッセージやコメントを見ては、自分を奮い立たそうとした。

「サッカーに戻らなきゃ。俺はサッカー選手なんだ。絶対に生きてやる。絶対に治す。こんなところで折れてたまるか」

何度、いや何百回来る心折れそうなときも、サッカーの存在は僕をギリギリのところで支えてくれた。

そして、毎日来てくれる母、見舞いに来てくれる父、彼女や友人、お世話になっている人たちの存在も僕の心を支えてくれた。

治療中、Jリーグではアルビレックスがリーグ戦を戦い、母校である筑波大学蹴球部のリーグ戦も行われていた。その両チームのベンチに、僕の背番号のユニフォームがずっと飾られていることを伝え聞いた。

アルビレックスの試合は病室で毎試合観ていたが、映像にはベンチに掛けられた僕の背番号「28」のユニフォームが映っている。さらに、勝利後のヒーローインタビューを受ける選手が、僕のユニフォームを着てくれて答えているのを観て、本当に心を動かされた。

絶対に負けない。みんなの思いに応えたい、復帰したい。だから、まずは絶対にこの白血病という病に逃げずに向き合い続け、絶対に勝ってやる。治療に専念しようという気持ちにさせてくれた仲間やクラブ、母校に感謝しかなかった。

でも、これはずっと誰にも言えなかったのだが、そういう映像や写真を観て、心強かった一方で、ネガティブな思いになることもあった。

「やってやる」と思いながらも、自分の体や鏡に映る自分を見たときに、そのギャップに絶望感が襲ってきた。

結局、調子がいいときにのみ、エアロバイクしか漕ぐことができない自分に、「みんな励ましてくれているのに、なぜ俺はこんな状態なんだ……」という思いがこみ上げてくるのが何よりも怖かった。みんなの優しさを感じるのに、逆に傷ついてしまう自分が嫌だった。

希望と絶望の間

一つの方向を向けば希望。でも、逆の方向を見ると絶望だった。

それは窓の外に映る景色もそうだった。

陽が明るいうちはいいが、だんだんと病室から見える海に太陽が沈み始めると、徐々に周りは暗くなり、眺めていた海も真っ暗になる。

黒くなっていく海が、まさに僕の感情そのものだった。僕は光もあるけど、強烈な影もある。そして、夜の海は孤独を増幅させる。

希望と絶望が交錯するなか、絶望に足を踏み入れたときの僕の支えになったのは、やはり「人の顔」だった。暗くなると、僕は端末を使って、声だけではなく相手の顔を見ることができるテレビ電話で連絡を取ることが増えた。

彼女や筑波大学の同期と話すことが多かった。とにかく声だけではなく、仲間の顔が見たかった。顔を見て、安心したかった。極端に言えば、会話をしなくてもいいから、顔が見たかった。

あれは忘れもしない6月17日の出来事だ。前日に僕は髪の毛がほぼすべて抜け落ちた。そのショックを引きずったまま、陽が傾いてきたときに、大学の同期にテレビ電話をすると、応じてくれた４人全員が坊主頭だった。

「俺たちも髪の毛、こうしたぞ（笑）」

仲間の心遣いが僕の心の奥底に突き刺さった。彼らの姿を見て、引きずっていたショックが消えていき、自然に「何やってんだよ（笑）」と笑顔で突っ込む自分がいた。

このときもやはり人に支えられていることを痛感させられた。

だからこそ、涙は見せない。僕を笑顔にさせようと気遣ったり、勇気づけたりしてくれる周りのためにも。

でも、そんな僕でも一度だけ両親の前で泣いたことがあった。

それは抗がん剤治療を受ける前に、精子保存の説明をされたときだった。抗がん剤治療が始まり、そのあとの本格的な骨髄移植をすると、骨髄移植前の抗がん剤治療により、精子が死滅し、子どもができなくなる可能性が高いというショッキングな宣告を受けた。

僕は病気になった事実よりも、正直、将来自分の子どもができなくなるかもしれないという事実のほうが重く、ショックだった。僕は本当に子どもが大好きで、結婚したら妻と子どもと幸せに暮らしたいという願望がものすごく強かった。

自分の今よりも、自分の次の世代のことを考えたときに、子どもというのは大きな宝物であり、みんなで大切にすべき存在であった。だけど、肝心の自分自身が次世代につなげることができなくなるかもしれない。本当に悔しいというか、悲しくて仕方がなかった。

治療前に自分の精子を採取し、保存してもらう措置はとった。だから、自分の子どもができる可能性はゼロではなくなった。

でも、「これでできなかったら、もう一生できないかもしれない」と強烈な不安は拭えなかった。苦しい、つらい。でも、これを表に出したらいけない。僕は心の奥底にこれをしまい込んで、治療をスタートさせたのだった。

ある日、両親と彼女と病院で話していたときに、ふとしまい込んでいたこの感情が表に出てしまいそうになった。彼女の前でそれを見せるわけにはいかない。僕は彼女が病室を後にするまで、この感情を必死で抑え込んでいた。

でも、僕と両親だけになった瞬間、我慢していたものが堰《せき》を切ったように溢れ出た。

「俺……こんなに子どもが好きなのに、自分の子どもができないかもしれないなんて……俺、それがいちばんショックだし、悔しい……」

涙が止まらなかった。大粒の涙が溢れ出て、もう自分では止められなかった。

「史哉、精子保存はしているんだろう。大丈夫だよ。今は自分の体を治すことに集中したほうがいい」

父はそう言ってくれた。母も戸惑いながら、「大丈夫よ史哉、もっと自分の体のことを考えて」と言ってくれたが、僕は号泣してしまった。

病気になってから襲いかかってくるあらゆるショックをかき消すために、自分を保つために自己防衛手段を講じてきたけど、この事実だけはその自己防衛をも凌駕《りょうが》するほどショッキングな出来事で、僕は初めて人前で取り乱した。


それでも容赦なく抗がん剤治療が続いていく。

僕の感情も徐々に落ち着いていった。治療に専念するしかない。こうした過程のなかで、病室の「窓」の捉えかたがだんだん変わっていった。

最初の印象はそこまで良くなかった。病院の窓はガラスが分厚いし、開けることはできなかった。以前も言ったが、僕にとって外は「自由の象徴」だった。これまで当たり前のようにいた外に、今は出ることができない。眺めることしか許されない。

窓は自分と外を遮断する存在であり、自由を遮る大きな壁だった。

でも、だんだん窓の存在が心落ち着くものになってきた。それは自分が求めていた「光」を与えてくれる唯一の場所と思うようになっていったからだった。

陽の当たる外を見ることで、大好きな海を見ることで、僕の心を落ち着かせ、不自由な僕に唯一の「自由」を感じさせてくれる。夜になったら、暗闇に支配される恐怖心をわずかだけど遮ってくれる。

窓はいつしか自分と自由をつなぎとめてくれる「架け橋」になっていた。

そして、僕は本を読み始めた。窓に対する意識が変わったことで、少し心に余裕ができた。空っぽだった僕の思考を呼び覚ます意味でも、僕は家族や友人に本を頼んで、一人のときはひたすら読んだ。

自分自身に生きる活力が湧いてきた――。

２０１６年8月20日。骨髄移植を前に、僕は二度目の外泊を許された。

一度目の外泊のときは、寮にある必要な荷物を取りに行ったり、入院生活に必要な電化製品などを購入したりするために使ったが、二度目の外泊は自分のやりたいことをやりきろうと思っていた。

この日、病院には家族と彼女が迎えに来てくれた。決して自由になれたわけではない。あくまで1泊2日の外泊であり、病院を出た瞬間に再びここに戻るカウントダウンが始まっていた。

「この2日間は我慢しちゃダメだ」

夕方17時過ぎに自宅に戻ると、僕はふと海が見たくなった。病室から見えていたあの海に行きたいと思った。

マスクをつけ頭にタオルを巻いて家を出た。外泊するときからマスクはマストで、タオルは医師からは何も言われなかったが、ほぼすべての髪が抜け落ちた姿を周りに見られたくなかったし、ニット帽だと真夏で違和感しかないのでタオルにした。

自宅から海までは歩いて10分。でも、それはあくまで普段の時間で、いざ海に向かって歩き出すと、すぐに息切れし始めた自分がいた。

歩き慣れた道なのに、見慣れた風景なのに、一歩が重かった。

「大丈夫？　もっとゆっくり歩こうか？」

彼女の言葉に「大丈夫だよ」と答えながら、必死で歩いた。

「やっぱり引き返そうか？」

しばらくすると彼女が僕の顔を覗き込むようにこう聞いてきた。

言葉が出なかった。気づいたら僕は歩いている最中、ずっと下を向いていた。歩くこと自体に必死になっていた。この姿を彼女は見るに見かねて、僕に言ったのだった。

「大丈夫！　行こうよ、海」

僕は海に行きたかった。闘病生活を支えてくれる彼女と海を見たかった。時に少し支えてもらいながら、やっと海に出た。夏の夕日が照りつける海は、水面がダイヤモンドのようにキラキラしていた。

眩しかった。小さい頃から何度も来ている海なのに、光の眩しさだけでなく、僕にとって窓という仕切りがない海が、まるで希望に満ち溢れた世界のように感じられた。ダイレクトに聞こえる波の音も、ものすごく心地よくて、僕の心を和ませてくれた。海をバックに彼女に写真を撮ってもらった。自然と両手を天に突き上げたり、思いっきり広げたりと、はしゃぎながらポーズを繰り返す自分がいた。

「本当に来てよかった……」

心からそう思えた。自由の象徴である外に僕はいる。窓からではなく、直接日光を浴びている。生きている実感が心から湧いた。

その夜、僕はずっと食べたかったものを食べに行った。

生ものは食べられないけど、念願の焼き肉を食べに行った。店に入ると、僕は何かのスイッチが入ったかのように、すぐに注文をした。そしてそこからは自分でも驚くくらいご飯にかぶりつく僕がいた。

　止まらなかった。

　ずっとずっと我慢していたものが、求めていたものが目の前にある。もう理性を保てないというべきか、人生でここまでご飯に対して執着したことがないくらい、僕は焼肉を食べ続けた。

　特段お腹が減っているわけじゃない。でも、心が欲している。お腹いっぱいになっているはずなのに、止まらない。狂気の沙汰《さた》と言ってもおかしくないほど、かぶりつく僕に、両親も彼女も驚きを通り越して心配をするほどだった。


　そして翌日。いよいよ病院へ戻る時間が迫ってきた。

　また数カ月なのか、どれくらいかわからないけど、外に出られなくなるかもしれない。白血病の外泊は、次の抗がん剤治療前に白血球の数が上がっていくときに許されるものであり、つまり、病院に戻ったら、また抗がん剤の投与が待っている。

　まだ同じことを繰り返す日々がスタートする憂鬱《ゆううつ》な気持ちと、次の外泊のためにもう一度頑張ろうという覚悟を自分の心のなかで必死に闘わせながら、なんとか覚悟が打ち勝つように過ごしていた。

でも、タイムリミットが近づくにつれて、自分のなかに楽しかった時間を飲み込むように、今後への強烈な不安と焦りが増幅していった。

「俺は生き急いでいるのかな……」

そう感じることもあった。

病院に向かう途中、両親と共に彼女を新潟駅に送った。彼女は、別れ際に笑顔を見せてくれた。本当は泣きたかったかもしれない、寂しい思いはあったかもしれない、もしかしたら申し訳ない思いもあったかもしれない。でも、彼女は笑顔をくれた。

僕も心のなかは同じ感情で支配されていた。彼女が笑顔なら、僕も笑顔でいたい。

僕は決意を固めて、両親の元に戻った。

車は病院へと向かっていく。僕の口数は少なくなり、車内は沈黙に包まれた。

病院の敷地内に入り、車が駐車場に止まると、僕はゆっくりとドアを開いて外に出て、病院を見上げた。

「戻ってこなくちゃいけないのかよ……」

思わず口に出た。でも、それが本音だった。

両親と病院の入退院玄関から入り、エレベーターに乗り込むと、10階のボタンを押した。押したくはなかったが、それ以上に当たり前のように10階を押す自分がたまらなく嫌だった。

　エレベーターのドアが開き、薄明かりの廊下と静寂が僕を包んだ。一歩ずつ、あの病室に近づいている。諦めと覚悟が入り乱れた状態で、僕はドアの前に立ち、一呼吸してからドアを開けた。

　そして、なかに入りドアを閉めると、中扉が開いて、自分のベッドが見えた。

　その瞬間、2日前までいた場所に戻ってきたと強烈に感じ、一気に絶望感が僕を支配した。

「またここに戻るのか。俺が一体、何したって言うんだよ……」

　僕と自由の間に再び壁が生まれた瞬間だった。このときは病室の窓を架け橋だとは思えなかった。

　再び、僕の耐える時間が始まった——。

無菌室という別世界

２０１６年10月下旬。僕は10階の病室から、３階の無菌室に移った。

これはいよいよ本格的な造血幹細胞移植に入ることを意味した。自分の血液構造と合致するドナーが見つかり、移植手術が行われることが決まったのだった。

移植は複数の候補者がいて、そのなかから自分に適した人を選び、その人が最終的に提供者となる。最初は家族を調べたが、誰も一致しなかった。提供してくれた人は絶対にわかってはいけないし、面会をしてもいけない。匿名が原則で僕は男性ということしか知らないし、相手も誰に提供したかはわからない。感謝の手紙を送ることができるが、そこに自分の所在などを記していけない決まりになっている。

無菌室はこれまでの病室と違い、より閉塞感があった。無菌室は区切られた３つの部屋がある。僕の部屋はその内の１室で、面会者用廊下と部屋の仕切りがあった。ベッドから見えるのは上半分が透明なガラス張りの仕切りと、さらに奥には小さな窓があった。

これまでは大きな窓があり、自由に近づくことができた。だが、今度は窓がものすごく遠くて、かつその窓からは別病棟の壁しか見えない。ましてや僕は窓に近づくことすらできない。

僕にとって自由の象徴である外を見ることすら、より限られたものになってしまった。しかも、陽が少ししか入ってこない。日中も電気をつけなければ薄暗く、見えるのは病棟と病棟の間に差し込んでくる光のみ。僕にとっては閉ざされた空間だった。10階もそれに近い感覚はあったが、ここはそれの遥か上を行く場所だった。

この空間での時間の進みはさらに遅かった。自由の象徴である外を見る場所もかなりの制限が生まれた。10階にいたときよりも、夜の闇に包まれていくのが早い。夜は耐えることしかできなかったし、唯一の楽しみは遠くて小さな窓に差し込んでくる光を見ることとだった。

「ああ、やっと1日が終わったんだ……」

普通であれば、陽の入りで1日の終わりを感じる人は多いだろう。だが、このときは朝を迎えた瞬間にやっと1日を過ごし終えたという感覚だった。

このわずかながら差し込む光は、僕にとって「希望の光」だった。

無菌室では面会もできたが、基本的には彼女と家族だけで、来てくれても電話での会話だった。

僕のベッドの枕元に一つ、ガラス張りの仕切り側にある洗面台の横に一つの計二つの受話器があり、面会者側には洗面台の仕切りを挟んだ裏側に一つ設置されていた。調子がいいときは洗面台側の電話を使うが、しんどいときはベッド側の電話を使っていた。

でも正直、僕はこの電話が好きではなかった。家族や彼女は医師に言われた通りの処置をすれば、僕のいる部屋まで入ってこれたが、みんな僕への感染などのリスクに気を使ってか、無菌室のなかに入ってこず、電話のみの会話がほとんどだった。

その心遣いは痛いほどわかった。でも、僕にとって電話の会話はすべてガラス張りの壁に遮られ、その人の「息」を感じることができなかった。

壁が1枚あるだけで、物理的な距離は近くても精神的な距離はものすごく遠く感じてしまう。それに調子が悪いときは、ベッドの位置からしか見ることができず、そこから家族や彼女の明らかに心配していることが伝わる表情を見るのもつらかった。

なぜすぐ近くにいるのに、電話越しでしか声が聞けない。見えているのに、同じ空間にはいない。それが徐々に苦痛になっていった。

周りとコミュニケーションがまったくとれない。寂しかった、苦しかった、どうしていいかわからなかった。

「お願いだよ……一人にしないでくれ……」

僕の心のなかではこう叫んでいた。でも言葉に出せなかった。それどころか電話越しで素っ気ない態度をとってしまう自分がいた。

「もう大丈夫だから、電話切るわ」

そう言って、僕は両親や彼女が会いに来てくれているのに、電話を早く切って、ベッドに座り込むことが多くなった。多分、みんなには「早く帰ってくれよ」という態度に見えただろう。


一人になりたくなかった。一人にしないでほしかった。でも、これ以上電話で会話をするのは苦痛だったし、何より自分自身が動物園の動物になったような感覚だった。ガラス越しに僕を見ている光景が、人が動物を眺めているような、異質なものを見ているような感覚だった。

もちろん、家族や彼女が僕のことをそういう目で見ているわけがない。でも、このときの僕の精神状況はそう映ってしまうほど追い込まれていたし、こんな状態になっている自分が嫌で仕方がなかった。

今まで長い年月をかけて培ってきた「家族」や「人間の関係性」がまったく通用しない世界にいるように感じたのだった。だからこそ、余計によそよそしさを生み出し、今思うと家族や彼女に精神的な負担を与えてしまっていたのかもしれない。

僕は心の叫びとは違う態度をとり、その姿を見て、家族も彼女も心配そうな顔を浮かべたまま無菌室を去っていった。去っていく姿を見て、この壁を壊したくなる気持ちになった。

僕は完全なひとりぼっちだった――。

周囲を壁で囲まれた部屋で、人の息を感じることができない。どんどん塞ぎ込んでいってしまう自分がいた。

そして、11月上旬。移植前の前処置の抗がん剤投与が始まった。

それがこれまでの抗がん剤の投与のなかで、いちばんきついものだった。これまで経験したことがないようなズンとした重みと強烈なだるさが体に加わった。

投与した翌日の朝、起き上がった瞬間に急に気持ち悪くなり、その場で吐いてしまった。しかし、胃のなかが空っぽだったため、胃液しか出なかった。

「や、やめてくれ……」

僕は思わず口にした。このあと、面会に来てくれた彼女に、電話越しに思わず弱音を漏らしたことがあった。

「乗り越えなきゃいけないのはわかっている。わかっているけど……本当につらいんだ……」

僕だけじゃなくて、周りの人も苦しい。それはわかっているが、このときは弱音しか出てこなかった。

しばらくすると容態も安定し始め、骨髄移植までの１週間は比較的穏やかに過ごすことができた。この時期は無菌室でも面会できるようになり、家族や彼女と話せる余裕があった。

このときに改めて、気持ちのもちかたで、目に見えている世界の捉えかたが変わるのだと感じた。

２０１６年11月中旬。ついに骨髄移植のときがやってきた。

造血幹細胞移植。点滴のように輸血から取り出した、血液をつくり出す細胞である造血幹細胞を投与してもらった。大きな点滴のようなパックに入った造血幹細胞が含まれた骨髄液を２パック、夜から朝方にかけて投与する。

最初見たときは、その量に驚く一方で、「これだけの量をドナーさんは僕に提供してくれたんだな……」と感謝の気持ちが湧いてきた。

ドナーさんの造血幹細胞が自分の体のなかに入っていく。少しずつ減っていくパックの中身を見て、「俺はこの細胞でこれから生きるということをさせてもらえるんだ……」とぼんやりと考えていた。

移植は明け方まで続き、すべての造血幹細胞が僕の体のなかに入っていった。

移植が終わり、白血球が回復するまでの間は抗がん剤の副作用と抵抗力の低下により多くの症状が出る。

まず、手足のヒラの皮がむけた。粘膜障害も起こり、口内炎ができたし、喉が荒れて、話すのも唾を飲むのものすごく痛かった。

シャワーも痛くて浴びられないほど、自分の体に症状がどんどん出てきた。これが1、2週間続いた。当然、面会も受け付けられる状況ではなく、生きているのが精一杯というか、もう本当の意味で何もすることができなかった。

来客者のない無菌室。ただただベッドに横たわり、時が過ぎるのを待つ。

ずっと同じような体勢でいるため、寝ているだけなのに体が痛い。何度も寝返りをうつが、そのたびににぶい痛みが走る。

「なんなんだよ、俺はどうすればいいんだよ」

絶望感が体を走る。それに天井は見飽きた。横も見飽きた。何もかも見飽きた風景。そして、周囲が闇に包まれれば、その風景は恐怖に変わる。

入院してから変わらない日常だが、このときがいちばんしんどい日常だった。

でも、僕はそのなかでも前に進むために最善を尽くした。

移植後に無菌室から出るには、ドナーからいただいた造血幹細胞がちゃんと血をつくる働きをしていることがわかる基準に達することが必要だった。これを生着という。

生着に近づけば、正常に血液がつくられ始めるので、自然と調子は上がっていく。

一方、生着後、ドナーのリンパ球が僕の体を攻撃するGVHD（移植片対宿主病）が起こることもあり、最悪な展開へとなりかねない気の抜けない時期が続いた。

生着するまで、ただひたすら1日、1日を過ごすしかなかった。毎日血球の値を見ては、「上がってきたな」とか、「まだ横ばいだな」など、数値と自分の状況を見比べながら、「早く生着してくれ、早く……」と願い続けた。

「ちゃんと数値が上がって、生着と呼ばれるラインまで達するのか……。もしも達しなかったら……」

リスクが頭をよぎる。それを希望で打ち消しながら、ただひたすら耐え忍ぶ。僕にはそれしかできなかった。

そして、２０１６年12月中旬。ついに2カ月間いた無菌室から出る日がやってきた。無菌室を出る許可が出たということは、ドナーからいただいた造血幹細胞が自分の体にほぼ根付いたという判断が下ったということだった。

「やっと上に上がれる、やった!」

僕は再び10階の病室に戻れると聞いて、笑みを浮かべた。無菌室の看護師の皆さんは本当に僕を全力でサポートしてくれて、いちばん苦しかった時期も支えてくれた。この人たちがいなかったら、もっと精神的にきつい状態になっていたと思うと、少しだけ寂しい気持ちになった。

でも、すべては僕が白血病という大病を治すためであり、僕が治療を続けて前進していくことが、いちばんの恩返しであり、それこそが僕の使命だと強く思った。

僕は再び10階の部屋に戻ってきた。

入院当初はこの部屋の2重扉がとても嫌だった。でも、あの無菌室の風景を味わったあとだと、「無菌室と比べると、なんて良いところなんだろう」と思えてしまった。

もう少し数値が良くなれば、またみんなが面会に来てくれて、同じ空間で話ができると希望があることばかり考えていた。

12月22日。片渕浩一郎さんが見舞いに来てくれた。

一緒に写真を撮ったが、そのときに写真に写った自分の顔は正直、「これは誰？」と思うほど変わりはてていた。色も異常なほど白いし、むくんでいるし、何より覇気がない。まるで自分が異質なものに変わったかのようになっていて、まさに「病人」の姿であった。

魂のギリギリのところで闘ってきたがゆえに、その姿を見て悲しさよりも仕方なさを覚えた。

友との再会

２０１６年12月31日。僕は大晦日を病室で迎えた。

病院の面会時間は決まっており、この日、僕一人で年を越すことが決まっていた。

一人で年を越すのは僕自身、初めての経験だった。毎年、母方の祖父母の家で親族も集まって全員で年を越すのが早川家の恒例で、僕の物心がつく頃からずっと続いていた。

「1年間頑張ったお疲れさん会」の意味をもっていて、その会に毎年参加することが僕のなかで当たり前のことだった。ここで家族全員の笑顔を見ることで、サッカーに打ち込んできた自分にとって息抜きになるし、1年を締めくくれた。さらに、その次の年へ決意を新たにし、エネルギーを蓄えることができる場所だった。

それが、今年は参加できない。しかも、隔離された病室にいる。みんなにすごく会いたいし、自分がこれまで大切にしてきた時間が、病気によって取り上げられた感覚だった。

寂しさが頂点に達しようとしていた20時頃、僕の携帯にメールが届いた。筑波大学蹴球部の同級生であり、中学1年生のときのナショナルトレセンから仲のいい親友の岩脇力哉からだった。

実は岩脇とは大学3年のときから毎年、大晦日になるとそれぞれの1年間を振り返り、最後に漢字1文字で表し合うということを続けていた。

「今年ももうそんな時期なんだな……」

僕は今日が大晦日だという実感を得ながら、岩脇とたわいもないやりとりをしていた。そして、1年を振り返る漢字を発表するときがやってきた。

岩脇が送ってきたのは「感」だった。理由は周りへの感謝を感じた1年だったからということだった。そして僕の番になると、こう返した。

「沈」

白血病になった激動の2016年。これはネガティブな意味ではなく、もう1回高く飛ぶために必要な1年という意味だった。

「飛ぶように飛躍するには、一度沈まないとね。要は準備の段階ってこと。それに本当に沈んだしな（笑）」

僕は岩脇にこう送った。

「ジャンプだね。次（来年）は『飛』になるね」

返事が来た。内心、めちゃくちゃ嬉しかったが、「それはまだわからないよ。決めつけないでね」と照れ隠しの意味も含めて返信をした。

「俺にはわかる。だって、お前（史哉）やもん!!」

岩脇の返信に笑みがこぼれた。僕のことを理解している人間が、そう言うんだから信じようと、心のなかで思いながら、彼とのやりとりは年越しまで続いた。

家族と過ごせない寂しさもあったが、僕にはいつも支えてくれる親友、仲間がいる。そう感じながら、初めての一人年越しで「飛」を目指す２０１７年が幕を開けた。

２０１７年1月12日。僕の23回目の誕生日だった。

この日、病室には当時、アルビレックスでチームメイトだった増田繁人と酒井宣福、端山豪などが見舞いに来てくれて、誕生日を祝ってくれた。

当初は年越しと同じで、寂しくなるはずの誕生日が、ものすごく忘れられない日になった。この頃には僕も面会に来てくれる人に対して、暗い顔ではなく明るい笑顔を返せるようになっていた。

ハッピーバースデーの被り物をしたり、「入院中、暇だろうから、難しいやつを買ってきた」とパズルのプレゼントをもらったり、本当にその空間が心から楽しくて、まるで子どものときのようにはしゃいでいる自分がいた。

２０１７年2月4日。僕は一時退院をすることができた。

だが、あくまで「一時」であり、また病院に戻らないといけない。

骨髄移植が終わったあとに、移植したドナーの造血幹細胞が１００％にならず、一部の自分の元の幹細胞が残ってしまっている。

このような状態を混合キメラと呼ぶのだが、移植後に混合キメラになる可能性は一定数あり、これについては不明瞭なところが多いが、僕はまさにその状況だった。

この現状を解消するためには、骨髄移植を受けたドナーさんにお願いをして、ドナーリンパ球を僕の体に輸注し、残っている自分の細胞を駆逐してもらう必要があった。その輸注の準備ができるまでの一時退院であった。

「まだ自分の細胞がこの体に残っているのか……」

釈然としないというか、スッキリしたいのにもやもやが晴れない。大前提をクリアできていない自分に苛立ちを覚えた。

いつ残った自分の細胞が悪さをするかもしれない。そのときは即ち再発を意味する。体は回復に向かっているように感じているが、まだ安心できる材料がそろわない。

一時退院の期間中、医師からは外出禁止とまでは言われていなかったが、「あまり長い時間は外にいないでください」とだけ言われていた。当然、僕はまだ体が弱っている状態で体力がなく、さらに免疫力も低下しているため、いつどんなウィルスに感染してしまうかわからない状態だった。

それゆえに直射日光を浴び続けるのは良くないし、人との接触においても、家族に対しても気をつけなければならなかった。安全なはずの自宅でも、自分の部屋でもつねにウィルス感染を防ぐマスクをしなければならず、人が多い場所への外出はもっての外の状況だった。

クリアにならない不安と、感染リスクを恐れて、僕はひたすら自宅に引きこもった。鬱《ふさ》ぎ込む自分を救ってくれたのが、仲間だった。この間、友人たちは自宅に遊びにきてくれた。もちろんみんなマスクをして、細心の注意を払ってくれた。マスク同士で会話する異様な感じだったけど、僕にとっては来てくれること、病室ではない場所でたわいもない会話ができる喜びが大きかった。

それに、このときは外出すればするほど、元気なほかの人との容姿の違い、体力の違いをまざまざと感じなければならず、僕はそれがものすごく嫌だった。みんなと写真を撮る機会もあったけど、そこに写る自分の顔がむくんでいるのも嫌だった。友達との思い出の写真は嬉しいはずなのに、自分の容姿の違いばかりに意識がいって愕然《がくぜん》としてしまっていた。

でも、自宅に遊びにきてくれる友達は、そういう容姿の違いをあまり気にせずに、これまでと変わらぬように接してくれた。そしてたわいもない会話が、沈みかけていた心を救ってくれた。

正直、病気になるまでの僕は自分から積極的に話をするような人間ではなかった。周りからは堂々としているように見えるかもしれないけど、実は相当なシャイで、仲良くなってからじゃないと積極的に話さないし、どちらかというと聞き役に徹するほうだった。

でも、病気になってからは周りの人の存在の大きさと、息を感じながら会話をするコミュニケーションの重要性を学んだ。

とくに無菌室での電話のやりとりとそれによる自分の気持ちの変化を経験したことで、心から「真のコミュニケーションとは何か」を知ることができた。

とにかく、このときは人としゃべりたくて仕方がない状況だった。会話する喜び、楽しさから、自分が生きている実感を得ることができた。これこそ、酒井高徳くんが病室で言ってくれたことでもあった。

僕の周りには本当に素晴らしい仲間たちがいてくれた——。

勇気をもらった僕は、一度だけサッカーボールに触れた。近くの公園に行って、軽くリフティングをした。

いつもやるようなリフティングだが、感触が全然違った。率直に思ったのが「重いな」ということだった。ボールに足が負けている。落ちてくるボールに足がズンと押し込まれる。

「ボールってこんなに重くて、蹴るのがつらかったたっけ？」

リフティングなんて普段は無意識でできているものだけど、ボールに負けないように意識して踏ん張りながら蹴り上げるという難しいものに変わっていた。

「今、病室で治療に専念しなきゃいけないのに、これ以上ボールを触る意味があるのかな」

リアルな思いだった。変にこの状況でボールに触れて思い出に浸るのではなく、目の前の1日1日の治療に専念したい。その思いが強く、それ以降は完全退院するまで一切ボールに触れることはなかった。

桜の便りが届くころ、ドナーリンパ球輸注の目処が立ったため、僕は再入院した。最初に骨髄穿刺をしたが、その結果、まだドナーの細胞が100％になっていないことが確定した。

「いつになったら数値的にクリアするんだよ……。俺は早く『先』に進みたいのに、なんでまた病院に戻らないといけないんだよ。また治療っていつになったら終わるんだよ！」

正直、心の底から怒りに似た感情がどんどんと沸き起こってくる。

「去年あれだけつらいことをしてきて良くならないってどういうことなんだよ！」

当然、誰も悪くない。医師も病院も最善を尽くしてくれていることは間違いない。ただ、自分の体が思ったように進んでくれない。だからこそ、誰に怒っていいかわからない。でも、治すためにはやるしかない。沸き起こる様々な自分の感情を押し殺しながらの再入院だった。

「早川さん、ドナーリンパ球輸注が始まりますが、もしかすると合併症として免疫力が強くなりすぎて、骨髄移植後と同じようにGVHDを起こす可能性があります」

医師からそう言われたときは、かなり恐怖を覚えた。またあの苦しみを味わわないといけないリスクがあるのか。あのときの恐怖やつらさがフラッシュバックした。

「本当に良くなってくれるのか……」

もどかしい気持ちを抱きながら、1回目のドナーリンパ球輸注を終え、幸いGVHDは起こらなかった。ホッと胸をなでおろしたが、だからといってこれでドナーの造血幹細胞が100％になる保証はない。

正直、ゴールが近づいているように見えて、なかなかゴールに達しないもどかしさはずっと続いた。

入院中のある日、病室に僕が小学生の頃からアルビレックスでプレーしていた本間勲さんと川口尚紀、鈴木武蔵がお見舞いに来てくれた。

まさか「ミスターアルビレックス」と呼ばれる勲さんが来てくれるなんて思ってもみなかったので、姿を見たときは正直緊張した。勲さんは終始笑顔で、気さくに僕に話しかけてくれた。

「史哉、こんな難しい本読んでるの？　俺には読めないなぁ」

僕の机に置いてあった本を手にとって、こう笑いながら話してくれる勲さんの姿に、少しだけトゲトゲしかった心は落ち着いた。尚紀と武蔵はこれが2回目のお見舞いで、「思ったより元気そうだね」と言われ、僕も笑顔で返した。僕は心のなかで、「実は俺の骨髄のなかは、そううまくはいっていないんだけどね……」という思いを必死で押しつぶした。


3月29日、僕は移植後二度目の一時退院のときを迎えた。

今回もあくまで「一時」という言葉が取れず、検査の結果いかんでは再度、病院に戻らなければならない。もやもやは晴れなかったが、僕はまず母校に行くことにした。

僕が4年間を過ごした筑波大学。静かな木々に囲まれた学舎に足を踏み入れた。

まず僕が向かったのは小井土正亮さんの研究室だった。

「こんにちは、おひさしぶりです」

と、僕がドアを開けると小井土さんも満面の笑みで「おお、来たか！」と受け入れてくれた。僕は椅子に座り、そこから小井土さんと話し込んだ。

僕の理解者の一人であり、目標とする指導者像の一人である小井土さんと、大学時代によく通った懐かしの研究室で向かい合って話ができていることが、心から嬉しかったし、幸せを感じた。

「本当にお前はすごいよ！　お前の頑張りは本当にいろんな人の力になってるよ。もちろん俺たちにとっても。まだまだどうなるかわかんない不安はあるとは思うけど、これでもしプロサッカー選手に復帰したら、それこそ、えらいこっちゃやぞ（笑）」

そんな話をしながらも、大学4年生のときに戻ったかのように、「今のチームはどんな感じなんですか？　誰が調子いいんですか？」と、後輩たちのチームの話にまで及んだ。すごく懐かしくて、居心地のいい時間だった。そして僕は小井土さんと一緒に蹴球部がトレーニングをする筑波大学第一サッカー場に向かった。

トレーニング前に準備をしていた後輩たちが僕の姿を見て、笑顔でかけ寄ってきた。

のちにアルビレックスでチームメイトになる戸嶋祥郎、プロに進んだ中野誠也、北川柊斗、野口航ら4年生。西澤健太、鈴木徳真、鈴木大誠、会津雄生、小笠原佳祐ら3年生と、大学時代に苦楽をともにした仲間たちと交流した。

「来てよかった……」

僕にとって筑波大学は人間としても、サッカー選手としても大きく成長させてくれた特別な場所。僕はこの特別な地でパワーをもらいたかったし、会いたかった人たちと直接話すことで、自分の心を落ち着かせたり、奮い立たせたりしたかった。

「みんなにサッカーをしている姿を見せたい」

僕は磨り減っていた心を満たし、新潟に帰った。

輪ゴムでできた宝物

振り返ると、僕は幸運だった。

ドナーが見つかり、骨髄移植をすることができた人でも、ＧＶＨＤを起こして悪化したり、一度は普通の病室に戻ったのだが、そこから急に悪性の細胞が多く発生して、そのまま亡くなってしまうケースもあるのだ。

僕は抗がん剤の副作用と抵抗力の低下により多くの症状こそ出たが、順調に経過して寛解に向けて再び歩き出すことができた。自分がいかに幸運だったか。一時退院後、僕は改めて痛感することになる。

２０１７年４月12日。移植後二度目の一時退院の期間中、ある親御さんからメールが届いた。その親御さんは中学３年生の娘さんが小児の白血病にかかり、僕とほぼ同じタイミングで入院治療をしていた。

加奈ちゃん（仮名）は本当に心優しい子で、入院中に知り合った、僕のかけがえのない友達だった。

メールの内容を伝える前に、僕にとって加奈ちゃんがどのような存在だったかを記したい。それは２０１６年12月４日のことだった。僕にとって一生忘れることができない日だった。骨髄移植を終えて、無菌室にいると、「早川さん、失礼します」と看護師さんが入ってきた。そこで「これをお預かりしました」と、オレンジと青色の輪ゴムで作られた花の形をしたアクセサリーを渡された。

「すごい！　アルビレックスカラーじゃないですか!?　これ、どうしたんですか？」

「ある患者さんが早川さんにプレゼントとして作ってくれたんです」

「え、その患者さんは今どこにいるんですか？」

「隣の無菌室です」

「……」

少し言葉を失った。無菌室にいるということは、軽い病気の人ではない。この場所にいる人が僕にアクセサリーを作ってくれた。

「このかたは……」

そう聞くと、看護師さんはこう口を開いた。

「中学3年生の女の子で、早川さんと同じ白血病の患者さんです。今移植をするために無菌室にいるんです」

無菌室は3部屋あり、無菌室のなかにある共有スペースにはそれぞれの患者の冷蔵庫があり、そこには各自の名前が書かれていた。加奈ちゃんの母親が僕の名前を見て、アルビレックスの選手が隣で同じ病気で闘っていると加奈ちゃんに伝えると、僕のことをネットなどで調べて知ってくれたのだった。

加奈ちゃんは心優しい子で、手先が器用でよく看護師さんやほかの患者さんたちに輪ゴムのアクセサリーを作ってはプレゼントしていた。

僕は手にしたアルビレックスカラーの輪ゴムのアクセサリーを見つめ、雷に打たれたような衝撃が走った。

「このかたにお会いしたいです。直接会ってお礼がしたいです」

そう言うと、看護師さんは「わかりました、伝えてきますね」と笑顔で病室を去って行き、すぐに「大丈夫だそうですよ」と許可を得てきてくれた。

僕はすぐに彼女がいる無菌室に向かった。部屋のなかには加奈ちゃんと母親がいて、2人に挨拶をして無菌室に入った。

「こんな素敵なアクセサリーを本当にありがとうございました」

最初にお礼を伝えると、加奈ちゃんは少し照れていたのか、緊張していたのか、恥ずかしそうに「早川選手も頑張ってください」と小さな声で言ってくれた。

彼女の何気ない優しさに触れて、もっと話したいと思い、そこからいろんな会話を交わした。人気グループのＡＡＡ（トリプルエー）のファンであることも知った。少しの時間だったけど、僕にとっては本当に楽しい時間で、大きなパワーをもらうことができた。彼女には感謝の気持ちしかなかった。

最後は一緒に写真を撮った。加奈ちゃんは中学3年生だけど、体もやせ細り、小さかった。話を聞くと、加奈ちゃんはこれが二度目の無菌室だった。中学1年生のときに白血病にかかり、一度は投薬治療で退院するも、1カ月後に再発し、僕と同じ骨髄移植を受けた。

すべての治療を終えて退院し、中学校にも通っていたが、退院から3カ月後に二度目の再発をし、二度目の骨髄移植を受けたのだった。

加奈ちゃんは僕なんかよりもはるかに苦しい思いをしてきて、今もつらくて仕方がないはずなのに、つねに周りの人たちに笑顔と手作りのアクセサリーをプレゼントして、僕のためにも愛情に溢れたアクセサリーを作ってプレゼントしてくれた。

僕はこの日のことを絶対に忘れたくなかったので、自分のSNSにその思いをしたためた。

僕は自分の闘病を通じて、同じ境遇で闘っている人や、多くの人に勇気や希望を与えたいとずっと思っていた。それが加奈ちゃんの何気ない優しさに触れたことによって、はっきりとわかったのだ。

「俺も加奈ちゃんのように深い優しさをもつ人間になりたい」

その夜、僕はこのアクセサリーを握りしめて眠りについた。その日以来、僕はずっと持ち続け、つらいことがあったときや、自分を奮起させたいときに、このアクセサリーを握りしめ、加奈ちゃんともずっとメールでやりとりをしていた。

それほど、僕の人生において重要な存在である彼女も、二度目の骨髄移植を終えて、6階の小児病棟に戻ることができていたが……。

話は加奈ちゃんの母親からメールが来た４月12日に戻る。

「調子はいかがでしょうか?」というメッセージに対し、僕が「今、復帰に向けて元気にやっています。大変なことはありますが、前向きにやれています」と答えると、「それは良かったです」との返信のあとに、衝撃的なメッセージが入ってきた。

「加奈はまた悪い細胞が一気に増えてしまって……助からない状態になってしまい……加奈はそのことを知らないまま……亡くなりました。ずっと『早川くん、頑張れ』って言っていました」

始めは何を言っているのか一切理解できなかった。

「え、加奈ちゃんが、亡くなってしまった？　そんなことあるはずがないだろ！」

頭のなかが真っ白になった。彼女からは僕が一時退院する日も「おめでとう！　頑張ってね!!」というメールが来たし、「私も早川くんのように病気を治して外に出られるように頑張るね」と前向きなメッセージが来ていた。

「う、嘘だ……」

信じたくなかった。でも、加奈ちゃんの母親がこんな嘘をつくはずがない。

言葉にならない感情が渦巻くなか、僕はこの2日前の4月10日のことを思い出した。

この日、僕は花見に行っていた。ちょうど新潟はあちこちで桜が綺麗に咲き誇っている時期であった。鮮やかなピンク色に咲く桜を見つめ、僕はふと「あ、加奈ちゃんにもこの風景を見せてあげよう」と写真を撮っていた。

そのときは「そのうち送ろう」と思っていたが、加奈ちゃんに「そのうち」はなかった――。

その日の夜はいろいろ考えた。加奈ちゃんのこと、自分のこと、周りのこと、そして病気のこと。

正直、僕は打ちひしがれていた。病気というものは、人それぞれ程度があるということはわかっていたけど、いちばん身近に感じていた唯一の闘病仲間が命を落としてしまった。この現実をなかなか受け入れることができなかった。

「早川くん、頑張ってね」

加奈ちゃんの母親がどういう心境でこの言葉を僕に送ってくれたのか。それ以上に、自分がいちばんつらいはずなのに、僕の一時退院を心から喜んで、「おめでとう！頑張ってね!!」と言える加奈ちゃんの強さ。

思えば思うほど、胸が締めつけられた。そして、

「病気には絶対はない……俺もいつどうなるかわからないんだ……」

恐ろしいほどまでに加奈ちゃんの死が現実として自分に突きつけられた。

「生きなきゃ……。加奈ちゃんが生きたかった、生きようとした明日を、力強く生きていかなくてはいけないんだ」

もやもやが残った状態での一時退院だったが、生きることの重要性、明日を迎えることへの意欲が強くなった。

近くて遠いビッグスワン

2017年4月22日。この日、僕はちょっと落ち着かなかった。

それは病気になってから初めてアルビレックスの試合を生で観戦することになったからだ。J1リーグ第8節、ビッグスワンで行われたFC東京との一戦。

実に1年ぶりのJリーグ観戦。1年前は選手として見つめていたが、今は契約を凍

結されている身のため、ちょっと不思議な感覚はあった。でも、久しぶりにアルビレックスの試合を生観戦できる喜びや、実際に試合を観たら自分の感情がどう動くのか不安と期待を胸に僕はビッグスワンに向かった。

この観戦は、まだクラブ側が正式に退院などを発表しておらず、僕も一時退院の身であったので、「お忍び」での観戦だった。周りに気づかれないようにスタジアムに入り、スタンドではなく、クラブが用意したガラス張りの放送室の席に座った。

上から見下ろすピッチとスタンドはすごく新鮮で、放送室だったため歓声や応援の声は外に比べると聞こえなかったが、大好きなビッグスワンにいることができることがとても嬉しかった。

あの頃と大幅にチームメイトが入れ替わったなかでも、変わらずに僕の28番のユニフォームがベンチに掛けられている。

「早く戻りたいな。サッカーをしたいな」

選手たちが輝いて見えたし、サポーターの応援する姿も眩しかった。ふと、静かなこの部屋にいることで強烈な「疎外感」も覚えた。

目の前の必死で勝利に向かって突き進むあの雰囲気に、僕は一切参加できない。

サッカーの楽しさ、アルビレックスへの思いと比例するように、自分の無力さも感じた。

２０１７年5月8日、僕は外来で新潟大学病院に行き、骨髄穿刺を受けた。

そして、8日後の5月16日、僕はSNSを更新した。

〈物事思い通りには進みませんな。じっくり（治療を）乗り越えていくしかないのか。再入院プラス追加の治療が現実味を帯び、若干萎えていた夕暮れ時。さらば自由な生活。海に落ちていく夕日が沁みるぜ〉

そう、検査の結果はやはりドナー細胞が１００％になっておらず、僕はGVHDのリスクを抱えた2回目のドナーリンパ球輸注を受けることが決まった。すなわちそれはまた移植後二度目の入院を意味した。

ショックだった。ショックすぎて塞ぎ込みたくなったが、それ以上にSNSに書くことで、誰かしらの反応が欲しかった。その反応を見て、上手くいかない自分への恐怖と焦りを少しでも紛らわせたかった。

5月24日。移植後二度目の入院の日、僕は前回とは違う病室に案内された。

同じ10階だったが、病室はこれまでの場所ではなかった。新しい病室に入った瞬間、僕の目にビッグスワンが飛び込んできた。

これまでは日本海側だったが、今回の病室はその反対側だった。住宅が立ち並ぶ風景のなかに、真っ白な屋根に包まれたビッグスワンが見えたのだった。

しかも、入院当日はルヴァンカップのホームゲームのヴァンフォーレ甲府戦があった日だった。僕はその試合を観に行くつもりだったし、正直、めちゃくちゃ楽しみだった。しかし、再入院を告げられ、その試合を観に行くことができなくなっていた。

1回自由を手にしたはずなのに、もう一度不自由な入院生活に逆戻りし、しかも、すでにアルビレックスの新シーズンが始まっている段階。契約は凍結されていたが、自分のなかではアルビレックスの一員という自覚だった。

それなのに、スタンドでホームゲームを見ることすら許されず、逆に病室の窓からビッグスワンを見ないといけないという状況に、僕の心は締めつけられた。

気にしないようにしても、どうしても目が行ってしまう。照明灯が灯《とも》り、新潟市内の夜景のなかで、暗闇にこれでもかと鮮やかに浮かび上がるビッグスワン。

「俺、本当ならばあのなかにいたはずなんだけどな……」

僕は完全に蚊帳《かや》の外だった。

強烈な孤独感が身を包んだ。僕にとって初めてビッグスワンが嫌だと思った瞬間だった。でも、ブラインドは下げなかった。それはやはり、窓は自由と僕をつなげる架け橋だったことに変わりはなかったからだった。

二度目のドナーリンパ球輸注が始まった。ここでも幸い、ＧＶＨＤは出ずに無事に終了した。その２日後、僕は骨髄穿刺を行い、結果を待った。

前進なのか、後退なのか。考えれば考えるほど、後者の思いが強くなる。

家族、彼女だけではなく、いろんな友人や知人がお見舞いに来てくれて、無菌室とは比べものにならないほど、楽しい時間もあったが、どこかで釈然としないというか、「このまま笑顔で終われるはずがないのではないか」という思いが心を支配していた。

１週間後、検査の結果が出た。骨髄中のドナー細胞はついに１００％になった。

骨髄検査と血液検査を定期的に行っていく過程で、ドナーの造血幹細胞が１００％を維持できれば問題はないが、そのパーセンテージが崩れると再発の疑いが出てくるというものだった。

とりあえずは完全退院の目処が立った。「やっと退院できる……」という嬉しい思いと、「まだ数値は完全じゃない」という恐怖が入り混じった状態で、すっきりしない状況ではあったが、僕は「その先」に向かって動き出した。

退院を1週間後に控えた6月17日。

ビッグスワンで行われるJ1リーグ第15節の大宮アルディージャ戦を前に、塚本泰史さんがわざわざお見舞いに来てくださった。

僕にとってはこの病気と向き合ううえで、大きな勇気をもらった人物である。お互い当たり前が当たり前じゃないということを感じ合えたし、闘病中の想いなど共感することが多く、会話は尽きなかった。

何より塚本さんの日焼けした元気で活力に満ちた姿を見て、僕も早くそうなりたいと心から思った。塚本さんから大きなパワーをもらった。

今を生きる。このことを改めて意識することができた有意義な時間だった。

第4章

一進一退

夏の鳥かご

２０１７年6月24日、ついに完全退院の日がやってきた。

「予定していたすべての治療が終わりました。これからは通院しながら様子を見ていきましょう」

医師からこう告げられ、もやもやが少し晴れたというか、本格的に入院生活から解放される安堵感に包まれた。長い療養生活だった――。

治療が終わって、退院することができたが、白血病には「完治」という定義が存在しない。

再発の可能性はつねにある。骨髄のなかにある造血幹細胞は、成長した白血球ができ上がると、体内に放出していく働きをもっている。

でも、どこかで異変が生じると、未成熟な白血球を体内に送り出してしまう。そうなると白血球が本来やるべき仕事ができなくなり、ウィルスに対する耐性が弱くなったり、疲れやすくなったり、貧血気味になったりといろんなところに支障が出る。

それがリンパ節に出てくると、僕のように首がありえないくらいに腫れ上がって表面化する。非常に恐ろしい病気だ。

つねに再発リスクと隣り合わせのまま、僕はプロサッカー選手に戻るための人生をスタートさせた。


この日、退院した僕は、両親の車でいったん実家に帰ったあと、再び両親と、弟が出場する中学校の試合を観に行った。

会場は鳥屋野運動公園球技場。退院した当日のため、久しぶりの日差しはきつかったが、何より弟がプレーをする姿がどうしても観たかった。

「一生懸命頑張っているな」

プレーうんぬんではなくて、純粋にプレーしている姿を観ることができる喜びがあった。親目線というべきか、本当に純粋な気持ちで観ることができたし、ちょっとだけ元気いっぱいにサッカーをしている姿に羨ましさを覚えた。

すると弟がゴールを決め、思わず大きくガッツポーズする僕がいた。そこから試合が終わるまで、弟のプレーに、時にドキドキしながら、時に「いいな」と羨ましい気持ちも抱きながら、いろんな感情をもって観ていた。

「あいつはこういう気持ちで俺のプレーを観ていたのかな……」

と、ふと思った。サッカーをする僕を応援してくれた弟は、やっぱり「早川史哉の弟」という世間の目がありながらも、僕のプレーを一生懸命観てくれていたのだということを、このとき初めて感じた。

そして、ちょうどこの試合、僕は試合観戦にきていた一人のかたに声をかけられた。

「早川選手ですよね？　頑張ってください」

ニット帽にマスク姿でここにいる誰よりも肌が真っ白な僕を見る人はいたが、声をかけてくれたのはこの人だけだった。その一言だけを残して、僕の前から去っていった姿を見て、僕は正直嬉しかった。同時に「退院することができたんだな」と改めて実感した。

退院の2日後、僕は片渕浩一郎さんに食事に誘われていた。

「これからクラブハウスに寄って、（酒井）高徳をピックアップしてから家に向かうね」

片渕さんからメールが届くと、僕は準備をして到着を待った。

「おう、久しぶり」

片渕さんの車に乗り込むと、後部座席に高徳くんが座っていて、こう声をかけてくれた。そのまま3人で片渕さんの家におじゃまし、奥さんの美味しい手料理を食べながら会話に花を咲かせた。

高徳くんの海外での話や、僕の入院生活の話など、本当にいろんな話をした。

「やっぱり史哉はすごいよ」

僕からしたら高徳くんのほうがすごいし、海外のトップレベルでの経験に基づいた話は大きな刺激になった。

僕は久しぶりに心から楽しい時間を過ごすことができた。

これからはやっとゆっくり自分の家にいることができる。一時退院など、これまでも何度か実家に戻っていたが、ずっと頭のどこかに「病院に帰らないといけない」という強迫観念に似た感情があった。

つねに時間的なリミットがあるというか、病院に戻らなければいけない時間から逆算をして過ごす自分がいた。でも、もうその時間を気にする必要はない。

希望の日々が始まったかに見えたが、そこにはまだ、はてしなく続く自分との闘いがあった。

世間は夏真っ盛り。僕は四季のなかでいちばん夏が好きで、いちばん気持ちが高ぶる季節だ。だが、開放的な周りと反比例するように、僕はさらに物理的にも精神的にも閉鎖的になっていた。

直射日光を浴び続けるのは良くないし、人との接触においても、家族に対してもこれまでと変わらず気をつけなければならなかった。

それでも僕の気持ちは外に向かっていった。

だけど、近くを散歩したり、近くのショッピングセンターに行ったりしただけでも、すぐに息が上がり、足がパンパンにむくみ、強烈な疲労感に蝕《さいな》まれる日々が続いた。

近くを歩くのであれば、すぐに家に戻ることができるが、ショッピングセンターは家との距離感を気にしてしまい、正直、一切楽しめなかった。

直射日光がなく、クーラーが効いて、快適な空間のはずなのに、つねに体は鉛のように重かった。

しかも、夏用とはいえニット帽をかぶり、眉毛もまつ毛も完全には生えておらず、かつ異常なほど肌が白い。

当然のように周囲からは異質なものを見るような視線を感じた。すれ違う人が自分の全身をじっと見つめ、僕と目が合うとその瞬間に目線を不自然に外す。

その光景を見るたびに「あの人、病人なんだな」という心の声が聞こえてくるようになった。

もちろん、その人たちはそういうことを一切口に出してはいない。でも、仕草や態度からそう言われているとしか思えなかったし、それが自分の心に痛みとして伝わってしまった。

しかも頭のなかでは「しんどい、もう歩きたくない。もう嫌だ」と弱音がどんどん出てきて、徐々にその場にいることも苦痛になっていった。

「もう無理、帰ろう……」

行きたいと言って出たはずなのに、いざその場に来るとすぐに帰りたいと思ってしまう。休憩をしているときも、「俺を見ないでくれ」と心のなかで思いながら、ベンチに座ったり、カフェに座ったりしている。

外には心が安らぐ場所がどこにもない。

そう思えば思うほど、足を外に向けることができなくなってしまった。

期待と不安

退院から17日後の7月11日。僕は退院後、初の血液内科の外来診察を受けた。

「そろそろ本格的に復帰を目指したいのですが、ランニングとか始めてもいいのでしょうか？」

恐る恐る言ってみると、医師は、

「少しずつ軽いランニングからなら始めてみてもいいですよ」

と許可を出してくれた。

それまでは具体的にプロサッカー選手への復帰の一歩を踏み出せていなかった僕は、このタイミングで一歩を踏み出す決意を固め、家に戻ると、日が沈むのを待って、周囲が暗くなり始めてから、ランニングに出かけた。

紫外線を気にして、上は長袖のジャージに下はハーフパンツ、そしてニット帽をかぶった状態で僕は走り出した。

走り始めて5分くらい経つと、もう足がパンパンになり、その場で動けなくなってしまった。

「そりゃそうだよな……」

近所を散歩したり、ショッピングモールにいたりするだけでも強烈な足のむくみと疲労感を覚えていただけに、それ以上に負荷のかかるランニングをしたらこうなることはわかっていた。

わかってはいたが、自分が立ち止まった場所は、まだ自分の家と同じ町内。わずかこれだけの距離で限界を迎えてしまった自分を絶望感が襲った。

「もう無理だ……帰ろう……」

僕はうつむいたまま、家まで歩いて帰った。玄関を出てわずか15分程度で戻ってきた。自分の部屋のベッドに横たわると、無気力感に襲われた。

「……こんなに俺の体は衰えているのか……」

その日の夜はなかなか眠りにつけなかった。

やがて、僕は自宅にこもるようになった。そうなると自由に見えていた風景も徐々に様変わりをしていった。

住み慣れた自宅のいつもの玄関、リビング、自分の部屋、家族、そして周りの風景を取り戻すことができた。それに窓は自分の手で開けることもできる。部屋には2重扉もなく、どこでも移動することができる。玄関の扉だって自分の意思で開けることができるし、出かけることだってできる。

なのに、なのに……。すべてが可能なはずなのに、どんどん内側に引きこもってしまう自分がいる。体にダメージが生まれるのではという恐怖心から、自分で自分に制限をかけてしまっていた。

リビングには大きなバルコニーがあり、窓を開ければ開かれた空間に自分がいるのに、その光の当たっている先の空間に、僕は一歩を踏み出せない。

鳥かごに閉じ込められている鳥のように、ただ外を見つめることしかできなかった。自由なはずなのに自由がない、何気ない日常に戻りきれていない自分に愕然とした。何か自分に大きな足枷《あしかせ》がついているように感じた。

僕は若干、鬱《うつ》状態になってしまっていた――。

自宅に戻れてももがき続けている僕を、外に引き出してくれたのはやはりサッカーだった。

2017年9月30日。アルビレックスはホーム・ビッグスワンでJ1リーグ第28節のヴィッセル神戸戦を戦った。

メインスタンド2階で、僕はこの試合を見つめた。

ピッチ上では「94ジャパン」のチームメイトであった岩波拓也がヴィッセルの一員としてプレーしている。親友のプレーをしっかりと観てから、試合後に僕と拓也、同じチームメイトであり、「94ジャパン」の川口尚紀と堀米悠斗の4人でご飯を食べに行った。

今日の試合についてあれこれと話しながら、拓也が「94ジャパン」のときのようにみんなの笑いを誘い、いつものように盛り上がった。友達と外食をするのも久しぶりだった僕は、本当に楽しい時間を過ごした。

たわいもない話から、僕の状況を気遣ってくれる優しさを感じた。

最後にみんなで写真を撮り、「お互い頑張ろうな」と言葉を交わし、別れた。


季節は猛暑の夏を終え、10月になった。

「このままではいけない。ここで立ち上がらないと、俺は一生塞ぎ込んでしまう」

自宅にこもりがちだった自分に嫌気と危機感が膨れ上がっていた時期でもあった。

「よし、もう一度走ろう」

拓也を始め、仲間からパワーをもらった僕は、意を決してランニングを再開することにした。

ジャージに着替え、もう5分で立ち止まることがないように、覚悟をもって僕は走り出した。

「あれ、1歩の感覚が違うぞ……」

7月の悪夢から比べると、1歩が軽く感じた。2歩、3歩と足が進んでいくにつれて、体が自然と前に進んでいく感覚を覚えた。

「俺、走れるようになったんだ!」

僕の気持ちは一気に高まった。そこから眠っていた記憶が次々と呼び覚まされるように、足は前に進んでいった。

もちろん病気前と比べたらすぐに息は上がるし、スピードも全然上がらないけど、着実に以前より走れる自分がいることが、ものすごく嬉しかった。気がつけば、体力的には苦しくて仕方なかったが、そのなかで自分をもっと追い込もうとするアスリートの自分がいた。

近くの公園まで走り、そこから家に戻る。その過程には急な上り坂もある。往復で約3キロメートルもの距離を走り切ることができた。

走った直後は爽快感があった。病気になる前の苦しい練習をやり切って、自分を追い込むことができた感触もあった。

ところが、その2日後に僕は強烈な恐怖という暗闇に飲み込まれた――。

朝、目を覚ましてから、ベッドを降りようとしたそのときだった。両足の鼠蹊部のリンパに激痛が走った。

「うっ！」

脈を打つほどの痛みだった。

「これ、なんだ……何が起こったんだ……」

痛みを堪えながら、リビングまで歩いたが、それもかなりの痛みで、僕はすぐにソファの上に座り込んだ。

「え、これはもしかして……ちょっと待てよ。病気になったときと同じ場所でこの痛み……やばいな。もしかして、再発じゃないよな……」

一気に抑えきれない恐怖に包まれた僕は、すぐに震える声で病院に電話をした。そして、症状を伝えた。

「わかりました、すぐ来てください」

僕は震える手を押さえながら、車で病院に向かった。心のなかでは「これは絶対に再発の症状だ」という感情と、「いや、違う。久しぶりに走ったことによる筋肉の痛みだ」という2つの感情が何度も生まれては闘い、僕は顔面蒼白で病院に着いた。

病院に着くと血液検査をして、さらにCTを撮った。

検査の結果、再発ではなかった。ただたんに、いきなり動いたので鼠蹊部に痛みが発症しただけだった。

結果だけ見れば「なんだ、その程度か」と思えるかもしれない。でも、僕には安堵感が一切なく、逆に恐怖心が大きく広がった。いや、それはある意味、絶望感に近かった。

「俺はこれからもこの恐怖と付き合っていかないといけないのか……」

その日以来、僕はつねにその感覚を抱えながら、ランニングをしないといけない体になってしまった。

すでに僕のSNSで「ついに動き始めました！」とつぶやいていたが、とてもそういう明るい気分になることができなかった。

ちょっとでも体に異常をきたしたら……。病気になる前なら何も気にならなかったし、たんなる疲労とか、ケガとか、風邪とか考えられたが、今は違う。すべての現象において「再発」という言葉が浮かび上がる。

朝起きて、首のあたりが痛かったら、ただの寝違えかもしれないけど、そう思えない自分がいる。そこに大きな不安が生じ、相当なストレスを感じる。

すべては病気に帰着してしまう。僕はさらに塞ぎ込んでいった――。

治ったはずなのに、ここからサッカー選手に戻るために進んでいかないといけないのに、より暗闇は深くなっていく。

何度も僕はその闇に吸い込まれ、時には「もう戻ってこられないんじゃないか」と思うこともあった。再び僕は自宅の部屋に引きこもった――。


周りに何度か引き上げられながらも、どんどん塞ぎ込んでいくのがわかった。

「何とかこの状況から抜け出さないといけない」

僕は必死で自分と向き合ったが、「症状が出なければ良い」という曖昧な判断基準のなかで自分をコントロールしなければいけないことが本当に難しかった。

当然、症状が出てからでは遅い。やはり僕のなかで「もうあんな苦しい思いをしたくない」という思いが強くなる一方で、「でも、それじゃいつまで経っても前に進むことができない」という葛藤が生まれていた。

心が揺れ動くなかでリハビリは継続して行っていた。

最初は日常生活の座る、立つ、起きるというのを繰り返し何度も行うところからスタートし、徐々にラダートレーニングや、少しだけだがボールを蹴ることもできるようになった。

キックにかんしてはインサイドや軽いシュートくらいで、強烈に足を振り抜くキックは蹴らなかった。

これも医師から「蹴ってはいけない」とは言われていないが、今焦ってボールを蹴っても筋肉や骨が弱っているところで負担になるだけだし、何より異変が生じて病気に意識がつながることが嫌だった。

リハビリの場所も近くの公園かスポーツセンターだった。

アルビレックスからは「いつでもクラブハウスに来て、トレーニングをしてもいい」と言われてはいたが、ちょうどシーズンも佳境に入っている状況で、自分が突然行って、雰囲気を壊したくなかった。リーグを必死で戦っている選手たちのじゃまをしたくなかったのだ。

サッカーに集中してほしい。そう思ったからこそ、シーズンが終わるまではアルビレッジに行くことを控えていた。

1日トレーニングをしたら2日休むというペースで、僕は黙々と自分の体と向き合いながら、まずは体力を取り戻すことに集中した。

２０１７年11月18日。Ｊ１リーグ第32節、ホーム・ヴァンフォーレ甲府戦。この試合の結果いかんではアルビレックスのＪ２リーグ降格が決まってしまうという、重要な一戦だった。

僕はメインスタンド２階席でこの試合を見つめていた。サポーターの応援が圧倒的で、スタンドからもＪ１に残留したいという気持ちがひしひしと伝わってきた。僕もサポーターと同じような気持ちで、「頼む、勝ってくれ！」と願っていた。

試合はその声援を受けたアルビレックスが気迫のプレーを見せて、１－０の勝利を収めた。しかし、同時刻に行われていた16位・サンフレッチェ広島がヴィッセル神戸に２－１の勝利を収めたことで、アルビレックスの16位以下が決定（このシーズンは16～18位が自動的にＪ２降格だった）してしまったのだった。

２００４年にＪ１に昇格して以来、初のＪ２降格という現実。正直、Ｊ１の舞台にアルビレックスがいられなくなるピンチのときに、チームを助けることができない自分が情けなかった。そして悔しかった。

僕にできることは、ただ現実を受け止めることしかなかった。やはり僕は契約凍結中の立場ではあるが、プロサッカー選手であり、アルビレックスの一員である自負がある。

それにアルビレックスへの愛情は深い。だからこそ、一刻も早くチームに貢献したいのに、僕は苦しむチームをただ外から見ることしかできないし、戻れる保証もない。心が締めつけられる思いだった。

ただ、苦しいシーズンだったが、選手たちは最後まで残留の可能性を信じて戦っていた。この姿は僕にとって勇気を与えてくれるものだった。

「絶対に復帰して、チームをJ1に戻すんだ。アルビレックスに貢献するんだ」

大きなモチベーションが僕のなかで沸き起こり、本格復帰に向けて動き出す決意を改めて固めることができた。

「クラブハウスとグラウンドを使わせてほしい」

シーズン終了後に自分からお願いをした。これに対し、クラブも快く応じてくれた。

アルビレッジへの帰還

２０１７年12月19日。実に1年7カ月ぶりだった。

僕は新潟大学病院に入院する前に荷物を取りに行って以来、久しぶりにクラブハウスのなかにあるトップチーム専用のロッカールームに入った。

「俺は帰ってきた。ここからすべてが始まるんだ」

身が引き締まる思いだった。片渕浩一郎さんがトレーニングに付き合ってくれて、僕は筋トレルームで軽くボールを蹴った。

片渕さんから投げられるボールを蹴り返そうとするが、ボールの動きに目がついていかない。足に当てようとすると当たりはするが、片渕さんのほうにうまく飛んでいかない。

「うわ、俺の感覚、ここまで錆びてしまっているのか……」

というマイナスの思いと、このクラブハウスで、こうして人に対してボールを蹴ることができるプラスの思いを同居させながら、約1時間のトレーニングをこなした。

年が明けた2018年1月。

トップチームの選手たちがキャンプに行くなか、僕はアルビレックスのアカデミー時代からお世話になっている、フィジオセラピストの五十嵐真也さんと一緒に復帰に向けて本格的なトレーニングをさせてもらうことになった。

トレーニングはアカデミー時代に使用していた人工芝ピッチで行った。最初は一人だったが、徐々にアルビレックスレディースの選手やアカデミーの選手たちに混じってボールを使ったトレーニングをするようになった。

リハビリ中だった元サッカー日本女子代表の川村優理選手と一緒にトレーニングをしていた。そのなかでランニングメニューもやったことがあったが、1回も勝てなかった。どんなに走っても川村選手に追いつけない。それどころか上がった息がなかなか整ってくれない。

「これは……相当なブランクがあるな。生半可なことじゃ体力を元に戻すことすらできないかもしれない……」

自分が思い描いていた以上に、治療のダメージは深刻なものだった。

それでもほんの少しずつであるが、動けるようになってきたことで、本格的にユースの全体練習に加わることになり、ユースが遠征などで不在のときはジュニアユースの練習に参加するようになった。

２０１８年2月、僕はアルビレックスの強化部から連絡を受けた。

「これから先のことを話し合いたい」

そう言われて、僕はクラブハウス内にある強化部の部屋に向かった。そして、神田勝夫さんとの話し合いが始まった。

「ウチとしては史哉をサポートしたい。契約も今は凍結しているけど、選手復帰に向けたリハビリをしていくなかで、契約再開に向けていろんな段階を経ながらやっていきたい。今、ここでいつ契約を復活させるかなど具体的な話をしたい」

神田さんは真剣に僕のことを考えてくれていた。

「ありがとうございます。僕の状態はすぐにトップチームに加われる状態ではありません。コツコツと体力を取り戻して、もっといい状態になるように努力しますので、契約の復活は、そのときでお願いします」

僕に対して真剣に思ってくれるからこそ、僕は自分の思いを包み隠すことなく、すべてぶつけることができた。結果、この時点で契約を復活させることは見送り、今後の様子を見てもらえることになった。

感謝の気持ちしかなかった。

同時に「これからサッカーのために全力を尽くさないといけない」という気持ちが湧き出てきた。僕の前には希望しかない……はずだった——。


だが、ここからはさらなる「自分との闘い」が待っていた。

このときの僕はサッカー選手への復帰を甘く見ていた。もちろん、簡単ではないことは十分にわかっていたが、「つらいのは最初だけですぐに自分の感覚が戻ってくるだろう」という変な自信が僕のなかにあった。「生きていればなんとかなるだろう」という余裕が生まれてしまっていた。

でも、ここから容赦なく何度も叩きのめされ、それが甘さになっていることを痛感させられていく。

まず僕の前に立ちはだかったのは体力面とプライド面での壁だった。

アルビレックスの練習場はトップチームがクラブハウスに隣接する天然芝ピッチで行い、ジュニア、ジュニアユース、ユースなどのアカデミーはその隣にある陸上トラックに囲まれた人工芝ピッチで行われる。

僕はジュニアユース、ユース時代こそ人工芝ピッチを使っていたが、プロ入りし、病気をする前はずっと当たり前のように天然芝ピッチを使っていた。だが、契約凍結の立場である僕は、クラブハウスこそこれまで通りに入ることができ、自分の28番のロッカーも筋トレルームも使わせてもらえるが、天然芝ピッチだけはなかなか入ることができなかった。

一人、選手が誰もいないクラブハウスに車で向かい、選手用の駐車場に止め、誰もいないロッカールームで黙々と着替えて、スパイクを手にクラブハウスの外に出る。そして、天然芝ピッチではなく、人工芝ピッチに向かう。

正直、虚しさを覚えた。すぐ近くに慣れ親しんだ場所があるのに、そこに立ち入ることができない。トップチームとの練習が重なったときは、ロッカーでは仲のいい選手と話をするが、いざ外に出たらみんなとは別の場所に行く。その姿を練習見学に来たサポーターの人たちにも見られてしまう。虚しさはどんどん増していった。

そして人工芝ピッチに立っても、受け入れがたい現実が待っていた。

ボール回しでは徐々にボールフィーリングも戻ってきて、ある程度はできたが、フィジカルトレーニングになった途端に自分が「いちばん足を引っ張る存在」に成り下がってしまった。

一度ダッシュが始まれば、1本目で息が上がり、どんどん足が前に出なくなっていく。周りの選手たちが3本走りきる間に、僕はようやく1本が終了する状態だった。それも2～3本が限界で、ほかの選手の走りが終わっていないのに脱落する日々が続いた。

思い通りにいかない日々のなかで、僕の救いになったのが、ユースの選手たちの純粋な姿勢だった。

来た当初は恐る恐る僕に接しているのがわかった。僕も今までだったら、あまり後輩と積極的に接することが得意じゃなく、そのまま壁をつくってしまっていたかもしれない。

だが、病気を経験して、僕自身明るくなったというか、分け隔てなくいろんな人とフランクに接することができるようになった。ユースの選手たちに対しても、自分から積極的に話しかけ、その遠慮を徐々に溶かしていった。

すると、周りも僕のことを「史哉くん」と呼んでくれるようになり、フォワードの選手は「史哉くん、ディフェンダーとしてどういうプレーがやりづらいか教えてください」とか、ディフェンダーの選手であれば、「このときはどう応対すればいいでしょうか？」など、積極的に質問してくれるようになった。

なかには「史哉くん、スパイククださいよ」と言い出す選手も現れて、すごくフレンドリーになれたのは嬉しかった。

2018年3月3日。この日、アルビレックスは2018年シーズンのホーム開幕戦となる松本山雅FC戦を迎えた。

僕はニット帽姿でビッグスワンのメインスタンド2階席に座って、この試合を観戦した。この日の午前にアルビレックスのジュニアユースの選手たちに混じってトレーニングをしてきた。

この日は調子が良くて、連続のシュート練習やヘディングの練習にも参加することができた。自分のなかで着実にやれることが増えていく手応えがあった。

サッカーができる喜びを嚙み締めながら、いざスタンドでトップの試合を観ると、また違った感情がこみ上げてきた。

「いいな……やっぱりあそこに立ちたいな……」

復帰したい思いと、自分がいないピッチに立つ選手たちへの羨望《せんぼう》の眼差し。でも、まだジュニアユースの練習でもうまくプレーできていない自分の現在地もわかっていた。

試合が進むにつれて、チャンスのときには身を乗り出して「よし！　行け!!」と声を出し、ピンチのときは全身に力を入れて、相手のシュートが外れると「良かった～」と、まるで1ファンのように大きなリアクションをした。

一方で、「あそこはもっと寄せないと」「今のタイミングで縦パスを出さないと」とプロ目線で観る自分もいた。

新シーズンがスタートし、新加入選手も合流し、活気立つスタジアム。僕はまた取り残された気持ちになった。

ユースでのトレーニングにようやくついていけるまでになった6月以降、僕は断続的にトップチームの練習参加が許された。

2018年6月17日。これまでは試合時にメンバーに入っていない居残り組の選手たちと一緒に少人数でのトレーニングをしていたが、この日は初めてほぼ全員がそろうなかでの練習に参加した。

久しぶりのトップチームの雰囲気、空気感。「やっと、みんなと本格的にサッカーができる」という喜びがある一方、初めて練習で顔を合わせる選手もいて、かなり緊張した。

そして、いざ練習が始まると、衝撃しか待っていなかった。トップチームのスピードは想像を絶するものだった。しかも当然のことだが、周りは生き残りをかけて勝負にこだわりをもってプレーしている。パス1本、走り1本に対するこだわりや集中力。ちょっとでもミスをすれば、相手にボールを奪われる。相手からのプレッシャーにミスをさせられる。

獰猛なライオンの檻のなかに放り込まれた気分だった。でも、これこそが僕が求めていた世界だった。

すぐに息が上がって苦しかったが、帰ってきた感触があった。今までは漠然としていた復帰のイメージ。「まだ焦らなくてもいいな」という思いがあった。どこかできつい練習があったら、「無理するところじゃないな」とあえて緩めたこともあった。

しかし、トップの練習に参加することによって、少しずつそういう思いを越えて、「もっとやってみよう」という欲と、アスリートとして「101%を目指す」という自身へのトライの気持ちが強くなってきた。

もちろん、毎回突きつけられる歴然とした差と、「お客様」である自分の立場が僕を苦しめたのも事実だった。

ロッカールームの居心地も正直良くはなかった。僕が離脱をしてからおよそ2年以上の歳月が経っており、その間に加入した選手も多くいて、どこかよそよそしいというか、自分自身の存在がロッカーにおいて、より「異質」になっていた。

当然、向こうも「白血病から復活した選手」という目で遠慮していたと思うし、僕も正式なプロ選手ではない「負い目」を感じていた。それだけに、話こそするが、コミュニケーションがうまくいくはずがなかった。

ただ、そのなかでも坂井大将や高木善朗くんはよく話しかけてくれたし、安田理大さんは「これで復帰して点を決めたなんてなったら、ホンマにすごいぞ！　マジで頑張れよ！　なんか困ったことあったら何でも言ってや！」と食事会場で一緒になったときに声をかけてくれた。

いろいろな思いを抱えながら、僕は前に歩を進めた。

レジェンドの背中

2018年7月1日。この日はアルビレックスのレジェンドである本間勲さんの引退試合だった。

本間選手に所縁のある現役、ＯＢ選手が出場し、「ＨＯＭＭＡ ＦＲＩＥＮＤＳ」と「ＩＳＡＯ ＦＲＩＥＮＤＳ」の２チームに分かれて、ビッグスワンで大々的に行われた試合に、僕は「ＩＳＡＯ ＦＲＩＥＮＤＳ」の一員として出場することになった。

病気をしてから、初めての試合。オレンジと青の28番のユニフォームを着て、ビッグスワンのピッチに立つのは２０１６年３月12日のＪ１リーグ第３節の横浜Ｆ・マリノス戦以来、実に約2年4カ月ぶりのことだった。

前日から緊張が続いていた僕は、この日もずっと緊張していた。いざスタジアムに着くと、いろんな人が声をかけてくれた。ほとんどが祝福の声と、体を気遣ってくれる声だった。でもみんな一様に笑顔だった。

サポーターも温かく迎えてくれた。アップのためにピッチに出ると、多くの拍手と声援を浴びることができた。スタンドには僕に向けた横断幕も上がり、本当にみんなの温かさを感じる場所だった。

「ああ、帰ってきたんだな……」

もちろんコンディションは万全ではない。でも、今回はあくまで勲さんの引退試合であり、主役は勲さん。自分のパフォーマンス云々よりも、まずプレーする機会を与えてもらったことが大きかった。

この日のビッグスワンには1万5299人もの人が来てくれた。これもすべて勲さんの功績と人柄によるものだった。勲さんのおかげで、僕はもう一度オレンジと青のユニフォームを着て、この場に立つことができた。

僕の出番は最初の40分間（40分ハーフ）だった。勲さんと一緒に選手入場し、試合前の集合写真にも収まった。

テンションがどんどん上がり、気持ちはものすごく高ぶっている。

「よし！　やってやる!!」

そう意気込んで、キックオフのときを迎えた。ところが……、

「あ、あれ？」

体が思うように動かない。パスをもらいに動いても、体がついてこない。

ピッチ上の雰囲気は引退試合とあって和やかムードで、公式戦のような張り詰めた緊張感はない。周りの選手たちも笑みをこぼしながらプレーをしている。

でも、僕のテンションはどんどん下がっていった。いや、もう公式戦に挑んでいるように必死にやらないとついていけない。どんどん僕のなかで余裕がなくなっていくのがわかった。

本当に軽いプレーでもしんどかった。僕はあの柔らかい雰囲気のなかで、必死だった。楽しんでプレーするはずの試合で、僕は必死でプレーしないと周りの楽しむプレーにすらついていけない状況だった。

前半をフル出場する形で、僕の出番は終わった。

「何もできなかった……」

ピッチに立てた、サッカーができた充実感よりも、ここまで体が動かない、何もすることができなかった自分への絶望感のほうが、正直大きかった。考えれば考えるほど、情けなさが自分を襲ってくる。

「いや……これはあくまで勲さんの引退試合だ。主役は勲さん。俺の個人的な感情を持ち込んではいけない」

そう思い、僕は自分の本当の感情を押し殺して、笑顔で周りと接した。もちろん周りから「よかったね」「復帰に向けて大きな一歩だね」「頑張ったね」と多くの温かい言葉をもらった。僕に対してネガティブなことを言う人は誰一人おらず、本当に人の温かさを感じる空間だったのは間違いない。

実際に試合前や試合中は余裕がなかったが、試合後にじっくりとスタジアムや周りを見渡すことができた。

僕のことを書いた横断幕やメッセージ、そして僕の名前を呼ぶ声。まだ完全復帰ではないけど、これだけの人が僕のことを気にかけ、温かい言葉をかけてくれる。

さらに勲さんは挨拶のときに、自分の引退試合なのに僕のことにも触れてくれた。

「今日ビッグスワンに早川選手が戻ってきました。ただ彼の本当の目標は今日のピッチに立つことではなく、このビッグスワンのピッチでリーグ戦の舞台に立って活躍することだと思います。サポーターの皆さん、これからも早川選手に力を与え続けてください」

とみんなの前で言ってくれて、本当にその通りだと思った。もちろん、小さい目標としては勲さんの引退試合に出るということだったが、最終的には選手に戻って活躍するということが大きな目標だ。

「ミスターアルビレックス」と呼ばれる人物に直接エールをもらえた。本当に嬉しかったし、同時に勲さんの言葉がもつ重さも認識し、自分が復帰を目指す意義と、「やっぱりここに本格的に戻ってきたい」という願望が強く僕の心に芽生えた。

「このクラブのために全力を尽くしたい」

僕がアルビレックス新潟というクラブの一員に戻るべき意義を強烈に感じた瞬間だ

った。その場に立たせてくれた勲さんにも感謝の気持ちしかなかった。

しかし、それと同時に、僕のなかでこの試合をきっかけに前述した通りのネガティブな思いも芽生えてしまった。

「俺、実際には全然動けていない。まったくサッカー選手として何もできない状態なのに、あの最高の雰囲気のピッチに『立ってしまった』……」

あの試合はあくまで勲さんの引退試合で、その舞台に僕が立たせてもらったもので、実力でつかみ取った機会ではなかった。そして、実際にプレーをしてみて、プロサッカー選手という観点からすると、復帰という目標と自分の現在地の距離を恐ろしいほどリアルに痛感することになった。やはり人間は、欲が出る生き物で、この経験でより早く復帰したい、しなきゃという欲が生まれてきた。

いろんな思いはつねに表裏一体で、嬉しいと思うことがあれば、反対の感情も芽生える。その比重、バランスは難しい。

あの試合のあと、僕は周りの目に過敏に反応するようになってしまった。

翌日のメディアやネットなどの声を見ると、まるで僕が復帰に向けてかなり順調にきているような書きかたがされていた。なかには「次はＪリーグのピッチでプレーする姿を見たい」という声もあった。

「そんな簡単な……ものじゃないよ……」

温かさを感じる一方で、まるで僕の復帰までのストーリーを勝手に描かれていると いうか、その方向にもっていこうとしている雰囲気を感じた。

その雰囲気に嫌悪感を抱く一方で、それに乗っかる自分もいた。あの試合に出たこ とで、自分の本来の現在地よりも先に行こうとしすぎてしまい、それをモチベーショ ンに無理やり変えようとしていた。

だが、練習をすればするほど、よりリアルな部分を見せつけられる。認めたくなく ても、自分の現在地が嫌でもわかり、精神的に落ち込んでしまう。

いわば、勝手につくられた理想と、自分が知る現実のギャップが、自分のなかで相 当大きなものとなり、その距離感に対する感覚も、そのときの心理状態で変化する。

こうした乖離《かいり》が自分を苦しめる結果となった。

治療に専念していた頃はSNSなどの自分に向けられた温かいメッセージは心の支 えだった。しかし、徐々にこの頃からプレッシャーに変わっていた。

とくに勲さんの引退試合のあとは、どんどん重荷になっていった。

今の自分にできること

本間勲選手の引退試合から6日後。僕はいつものようにユースの選手たちに混じって練習をしていた。

ここで、大嫌いなダッシュが待っていた。人工芝ピッチに横一列になって、コーチの笛とともにハーフコートのダッシュが始まる。最初の1本で僕はいちばん最後になった。ハーフラインに着いたら、そこからジョギングで元いた場所に戻り、また笛とともにダッシュを行う。

2本、3本……。僕はどんどん遅れ始め、4本目が始まったときには、3本目を終えてジョギングで戻るときだった。

自分の戻りを待たぬまま4本目が始まり、ゆっくりと戻っていく自分の両側をユースの選手たちが全力で駆け抜けていく。彼らがジョギングで戻ってくるときに、僕は4本目をスタートさせる。

5本目、6本目……。ついに僕は6本目を走った選手に追いつかれ、1本回数が違う状態でスタートを切った。もう完全に息が上がり、足が思うように出なくなった。

そしてユースの選手たちが8本目をスタートさせたとき、僕は6本で限界のときを迎え、その場に突っ伏した。

その横をラスト10本目までダッシュする選手たち。

「情けない……」

ユースの選手たちはダッシュを終え、水を飲みにピッチサイドに集まっている。僕はふらふらになりながら立ち上がり、残り4本をゆっくりだがやりきった。ゴール横で倒れこむと、フィジオセラピストの五十嵐さんが、「史哉、よくやりきったな」と水を持ってきてくれた。

座り込んで水を飲んでいると、すでにユースの選手たちは別の練習を始めていた。

「練習に参加させてもらっている身なのに、毎回毎回フィジカルトレーニングでみんなの練習の足を引っ張ってしまって申し訳ない……」

いろんな感情が渦巻いた。自分のなかでは今やれることを全力でやっている。手を抜いてなんかいない。でも、体がすぐに待ったをかける。

「……病気のときのどん底から比べたら、俺はまだ走れるじゃないか。こうしてピッチの上でやれているだけでもすごいことじゃないか」

苦しいときほど、自分を甘えさせる言葉も生まれてきた。端から見れば無様な姿かもしれないし、自分でもそう思っている。

でも、生きている。厳しさと自己擁護。つねに自分のなかにある二つの矛盾がこのときも顔を出していた。

ただ、一つだけ大事にしていることがあった。それは「今、もっている力を全部出して、やれるところまではやりきる」ということだった。今の自分ではついていけないことも多いし、足を引っ張っているかもしれない。

でも、つねに100%でトライしている姿を見せないと、僕がユースの練習に参加している意味がない。

自分のためだけでなく、ユースの選手たちにとってもそういう姿を示すことが彼らのプラスになると思っていた。

これが、僕がずっともっていた指導者としての観点だった。僕の目標はプロサッカー選手として成功することだが、その先には指導者になりたいという目標がある。だからこそ、僕はトップ昇格を断って、筑波大学に進学して教員免許を取った。

ユースで練習をし始めたときは、正直、自分のことで精一杯だったが、月日を重ねていくうちに自分の立ち位置を理解できるようになった。

どんなに無様な姿をさらすことになっても、自分を卑下《ひげ》することはないし、ユースの選手たちにプラスを与えないといけない。

一緒にプレーしているからこそ見えてくるものもあり、プレーがうまくいかずに悩んでいる選手がいたら、アドバイスやヒントを与えたり、紅白戦のときにフォワードの選手に「こういう動きをしたらどう？」とか、「ここを見てみたらどう？」など一言伝えたりするように意識した。

ここで生きたのは、筑波大学での教育実習の経験だった。実習生という立場であったが、先生として生徒たちの前に立ち、子どもたちの考えかた、接しかたを現場で学ぶことができた。

大人目線というか、上から目線にならないように、同じ目線に立って指摘すべきことは指摘する、伝えるべきところは伝えることを実践することができた。

ユース監督の入江徹さんとも、時には選手と指導者として、時には同じ指導者目線でいろんな話をした。

入江さんの練習メニューの意図や、オーガナイズの意図などを汲み取り、議論することで、僕のなかでも新たな視点でサッカーを観ることができている実感を得た。

ゆっくりだけど、着実にサッカー選手として段階を踏んでいた。

トレーニングを始めた2017年12月の体重は58キログラムだったが、このときは10キログラム増えて68キログラムまで戻り、自分のベスト体重に、あと1キログラムのところまできた。

苦悩や葛藤はあるが、手応えはあった。ただ、一方で自分に対する「色眼鏡」を敏感に感じるようになっていった。

自分のやることすべてが綺麗に捉えられすぎているというべきか、自分に対するフィルターがかなり大きくあるように感じる。それは僕が行っていた慈善活動にもついて回ってきた。


2018年11月9日。僕は新潟市内のとある病院の小児病棟を訪問させてもらった。退院した直後の2017年9月に一度、小児病棟訪問をさせてもらったが、そのときは僕の意識はどちらかというと患者側で、自分もその意識で回っていたので、とくに違和感を覚えなかった。

しかし、今度は勲さんの引退試合であるがサッカー選手として復帰し、前に進もうとしている時期での訪問で、その当時と感じるものが全然違った。

僕と同じ白血病や、それ以外の難病を患っている子どもたちのいる小児病棟を訪問すると、そこにあったのは、今まで見えなかった「現実」だった。

僕はずっと個室で入院をしていた。でも、多くの人は大部屋でほかの患者さんと同じ空間で生活している。僕はいつも多くの人がお見舞いに来てくれたけど、周りに病気を伝えていなかったり、いろんな事情があったりして、そうではない人もいる。

僕が訪問すると、積極的に話しかけにきてくれる子どもたちがたくさんいた。それが嬉しくて、僕は笑顔で子どもたちと接した。

ただ子どもたちは純粋に「外で遊びたい」という欲求を強くもっていた。それがわかればわかるほど、一見楽しそうにおもちゃで遊んでいるようでも、そこにはやはり制限があり、どこかで暗い部分が見え隠れした。それが堪《たま》らなくつらかった。僕はこの訪問のあと、自由に外に出ることができる。でも、子どもたちはそれができない。

「本当に俺、ここにやってきてよかったのか……」

と疑問が湧き始めた。それを決定的なものにしたのが、遊んでいた子どもたちよりも年齢の高い、中学生や高校生の患者さんに接したときだった。

比較的年齢が下の子どもたちが笑顔で寄ってくる反面、中高生のなかには、僕が病室を回って挨拶をしても、

「あ、頑張ってください」

と淡泊な言葉で目線も合わず、ずっとうつむいている子もいた。

僕はハッとさせられた。

「俺、しんどいときとか、気分が落ち込んでいるときに『あまり自分を見られたくない』『そっとしといてくれ』という感情をもつことがあったよな……。もしかすると、この子たちにとって俺の訪問は『ありがた迷惑』なんじゃないか……」

もちろん僕は子どもたちに勇気や希望を与えたいと純粋に思って、訪問させていただいた。でも、この自分の行動が子どもたちにとって、勇気や希望を与えるどころか、「押しつけかよ」「パフォーマンスかよ」と逆にストレスを与えてしまう可能性があることに気がついた。

僕がよかれと思ってとった行動が、実は相手を傷つけて、「あなたは特別よ」と思われてしまうのではないか。


この訪問を機に、もう一度、自分の立場と向き合った。たしかに僕はプロサッカー選手という、ある意味恵まれた立場だったからこそ、本当に多くの支援が集まったし、病院も個室だったし、ほかの人よりも優遇されていた部分があったと思う。それにもしかすると、僕は運が良くて完全退院をできたにすぎないかもしれない。

志半ばで亡くなった加奈ちゃん以外にも、小児がんの子どもたちで実際に喋ったり、交流していた子が亡くなってしまった経験もした。遺族となった親の心境、子どもたちの陰で涙を流す姿も見てきた。

病院はすべてがリアルな世界で、子どもたちにも、親にも、その周りにも、やり場のない思いがある。「どうすればいいいんだ」という思いが入り交じっている非常に難しい現場でもある。

そのなかで、僕はいろんな人の支えと幸運に恵まれて、今、こうしてサッカー選手としての復帰を目指し、「同じような病気を経験した者」として病院を訪問したり、病気に対する理解を深める運動をさせてもらったりしている。

でも、それは当たり前のことではなく、「伝える」ということは、本当に難しい。

単純に「成功例はこうですよ」と言ってみたり、僕のこれまでの過程が、御涙頂戴《おなみだちょうだい》のストーリーとして紹介されたりしたとしても、本質は伝わらない。

同じ立場だったり、さらに、それよりもひどい人の立場のかたからすると、「表面的なきれいごと」はうんざりだと思う。

だから、そうならないためにも、自分の行動、言動の一つひとつに、責任をもたないといけないと考えるようになった。

２０１８年9月27日。「リレー・フォー・ライフ・ジャパン にいがた」というイベントがビッグスワンの近くであった。

このイベントは、がん患者とその家族を支援し、地域全体でがんと向き合い、がん征圧を目指し、1年を通してチャリティ活動をするもので、全国各地で開催されている。今回、ちょうど新潟県で開催するタイミングだったため、僕も参加した。

ちょうどそのとき、僕はテレビ局の密着取材を受けていて、テレビカメラが帯同していた。テレビカメラがあることで、「なんだ、結局、パフォーマンスで来ているだけじゃないか」と思われても仕方がないと思っていた。

やはり病気になった人からすれば、敏感になっているし、「いいところを見せたいだけじゃないか」と思われて、何人の人からかは自分の評価を下げることになる可能性もある。

でも、その覚悟は自分のなかでできていた。

なかなか活動していても報道されないことが、プロサッカー選手という自分がやることで報道される。それによって知る人も必ずいるという確信もあった。

そう考えると、やはり僕は低評価も覚悟のうえで、自分を通して発信していかないといけないのではないか、広まっていかないのではないかと思うようになった。

まず白血病を、がんという病気を知ってもらうことの重要性を感じた。どんなことがあっても、大事にしないといけないのは、僕自身の真実の姿。

信念を曲げずに貫くことで、自分の活動、チャレンジが意義あるものになるようにしなければいけない。僕は覚悟を固めた。

プロ選手としての矜持《きょうじ》

2018年9月下旬。この頃になると僕はユースではなく、つねにトップチームの練習に帯同できるようになってきた。

トップチームの練習はやはりユースの練習とは別物だった。球際に対して容赦がないし、何よりプレースピード、ボールスピードが違う。

それに、みんな生活がかかっており、チームの勝利も成績もかかっている。そのなかに中途半端に僕がいるのは申し訳ないというジレンマも正直あった。

だが、そんな中途半端な気持ちでいたら、簡単に飲み込まれてしまう世界。僕はピッチに立つ以上は、強い気持ちをもって挑まないといけなかった。

プロの世界では「あと1歩」が明暗を分ける。僕のようにディフェンスの選手は、相手フォワードと対峙《たいじ》するとき、絶対に簡単にシュートを打たせてはいけない。

相手のステップワーク、ボールの運びかたなどを見て対応するのだが、どうしてもスピードを上げられたときについていけなくなり、苦し紛れのスライディングタックルをして簡単にかわされて、一気にピンチを招くシーンが、たびたび生じていた。

きついからといってタックルで逃げることは、やってはいけないと頭ではわかっていても、いざそのシーンになると足で行ってしまう自分がいる。それが本当に情けないし、悔しかった。これが本来の自分じゃないとわかっているが、これが「現実の自分」。この本来の自分と現実とのギャップは、そのまま大きな壁になった。

僕が目指す場所が山の頂上とするならば、最初は目標とする山を明確に決めて、その山頂を目指してスタートした。最初はただ山頂を見つめながら歩き始めたが、3から4合目まで来て、「ああ、ようやく近づいてきたかな」と思ってパッと山頂を見たら、山頂までのよりリアルな距離を突きつけられた。

それがトップチームに参加したときで、今はさらに山頂に近づこうと登っていけばいくほど、当然傾斜は厳しくなり、酸素濃度も薄くなっていく。きつくなっているのは当然のことだった。

そして、10月6日。僕はついにトップチームの練習試合で45分間プレーすることができた。

練習試合の相手はジャパンサッカーカレッジ。この日は、10月なのにすごい暑さで、僕は思うように動けなかった。その週は追い込んだ練習をしたこともあり、体が感じる疲労感は尋常ではなかった。

右サイドバックとして1対1でも抜かれるシーンが多く、自分たちの攻撃に切り替わっても攻撃参加することができない。プロチームのアルビレックス新潟の一員である僕が簡単に負けている。本心はめちゃくちゃ恥ずかしいし、情けない。当然、周りには選手、スタッフだけでなく、取材に来ているメディア、見学に来ているサポーターもいる。

「今、このカッコ悪い姿を見て、みんなどう思っているんだろう……」

と恥ずかしい気持ちもあった。気力で45分を乗り切る形でプレーしたが、ハーフタイムで交代をして、後半を見つめながら自分のプレーを振り返ると、45分間プレーしたこと以外、いいことは何もなかった。

「何か進んだと思ったけど、結局、同じところか。何も進化していない……」

ショックだった。時間が過ぎるのにしたがって、強度も上がっているし、疲れが出たとしても、そのあとの回復のスピードも着実に上がってきている手応えはつかんでいた。ただ確実に良くなっているはずなのに、手応えがないときがある。そのたびに3歩進んで2歩下がると思うときもあれば、3歩進んだのに3歩以上下がるなど、停滞をものすごく感じることがあった。

病気の前はそれを「調子の波」と捉えていたが、今は元に戻ってしまうことへの恐怖が、いつも心のどこかに渦巻いていた。

つねにどの局面でも自分のなかにある2つの感情。何度も触れてきたが、鈍感な自分と敏感な自分と相反するものが同居し、その局面、局面でそれぞれが顔を出してくる。鈍感な自分というのは、白血病と付き合っていくなかで、物事に一喜一憂していたら身がもたない。1回は深く沈んでも、しばらくすれば「生きているなら大丈夫」という鈍感な自分が出てきて、精神的な回復ができる。

現在のプロサッカー選手としての僕は醜態《しゅうたい》だらけだ。毎週火曜日にやるフィジカルトレーニングも僕だけみんなの半分で終わってしまう。

訳のわからない鈍感力と、根拠のない自信は本当に大事だと日々のなかで感じる。なぜかわからないが、「最終的には治るんじゃないか」と考えられるメンタリティーが自分を救っているし、それがあるからこそ、どんなに醜態をさらしてもやり続けられている。

その一方で、その鈍感力に甘えずに、自分のなかで「悔しい」と思えることこそが、ポジティブなことでもあった。

正直、トップチームに合流するまでは「できなくても仕方がない」という思いがあった。でも、今は悔しさや反骨心が生まれてきた。

「絶対に折れないぞ。どんな形でもいいから、成長した自分を一つずつつかみ取りたい」

必死に取り組むことで、生きる勇気を覚える瞬間もいくつかあった。ある日の練習でクロスの応対をしていたが、僕がディフェンスのときにオフェンス側の田中達也さんがクロスボールを上げる際、1歩引いたのが見えた。

その瞬間に「ここにクロスがくるな」と思い、自然に体がボールの落下地点に動いてダイビングヘッドでクリアできた。

体が自然と感覚で動く。これは病気になってから初めての感覚だった。トップというレベルの高いところで、もがきながらも必死にやることで、無意識に自分の能力を引き出してもらえる感覚があるのだと感じた。

このプレーが出た瞬間に、また一歩前進できたように思えた。心が救われた瞬間だった。

小さくも大きな一歩

2018年10月8日。サッカー日本代表が、ビッグスワンでキリンチャレンジカップを戦うために新潟に来た。

森保一監督率いる日本代表には、FIFA U‐17ワールドカップ メキシコ大会を一緒に戦った南野拓実、室屋成、中島翔哉の3人が選ばれていた。

実は日本代表が新潟入りする前に拓実から電話をもらっていた。

「新潟に行くから、会おうよ」

その言葉をもらって、僕は9日の日本代表練習を観に新潟市陸上競技場に向かった。大勢の観客がメインスタンドから見つめるなか、3人は日本代表のジャージを着て、時折笑顔を見せながら練習に励んでいた。

翔哉とはU－17ワールドカップの期間中もバスで隣同士のことが多かった。四六時中サッカーのことを考えている本当に根っからのサッカー小僧で、サッカーに真摯《しんし》であるがゆえに、当時からつねに上を目指していて、ストイックというか、「鋭さ」をもっている人間だった。

暇さえあればサッカーの映像をよく飽きないなと思うくらいずっと見ているし、もう人生すべてがサッカーだと思えるくらい、当時からサッカーに対する情熱がすごかった。

もちろん、みんなすごいのだけど、翔哉は飛び抜けていた。すべてをサッカーに捧げているからこそ、あそこまで尖《とが》っていたし、正直、あの年代であそこまでの鋭さはちょっと「異質」だった。でも、僕の目には尖っている翔哉はすごく「かわいい存在」に映っていた。

はっきり言って、翔哉は僕と真逆の性格。それゆえに自分に足りないものをもっていて、つねに学びと刺激があり、かつ一緒にいてもすごく居心地が良かった。だからこそ、僕は翔哉の隣にいた。立派な日本代表の主軸として、楽しそうにプレーする翔哉はあのときのままだった。

拓実も成も顔つきこそ変わったけど、幼馴染である2人はいつも一緒にくっついてワイワイしていたし、それは日本代表に入っても変わらなかった。

騒がしい2人だけど、チームに明るさと活気を与えてくれる彼らの関係は当時から見ていても、僕の好きな光景だった。

ただ、拓実に対しては、ちょっとした嫉妬《しっと》があった。当時から日本のエースで、「南野拓実世代」と呼ばれるほど、強烈な才能をもっていた拓実は、プロデビューも高校在籍時と早く、さらに、海外にも早くに飛び立っていった。

当時、僕にとって拓実は親友であり、ライバルだった。オーストリアのザルツブルクに移籍が決まったときも、「海外に行くのか……アイツはどんどん前に進んで行くな。悔しいな」と思っていた。

でも、徐々に拓実の頑張る姿が僕のなかで大きな光になり、闘病中はとくに頼もしい存在になった。かつて一緒のチームでプレーをした親友が、どんどん成長し、僕が見たことがない世界を見ている。

「いつか僕も見たい」という気持ちと同時に、「ここまで努力ができることはすごい」「どこまで行くんだろう。もっと上に行く姿が見たいな」と純粋に応援できるようになっていった。それはほかの選手も一緒で、すべての選手をリスペクトするのは変わらないが、自分と比べないで、純粋に刺激をもらう。


最初はあまり観る気がしなかった彼らの試合も、徐々に楽しみながら観ることができるようになり、日本代表の練習も純粋なサッカーファンのように観ることができた。それはピッチにいる3人を含め、多くのサッカー仲間のおかげだった。


練習後、3人と高校卒業以来となる6年ぶりの再会をはたした。

「もう大丈夫なの？　今どんな感じなの？」

3人とも昔と変わらない雰囲気で、僕に笑顔でこう話しかけてくれた。

「俺は史哉を見て、刺激をもらえているよ」

と拓実は言った。それは僕も同じだった。

久しぶりに目の前で会う彼らは変わっていない部分もあれば、とても大人の表情を感じることもあった。すべてにおいて言えることは、彼らはサッカー選手としても、人間としても、とてつもなく大きくなっていた。

そして10月12日。ビッグスワンでキリンチャレンジカップ・日本代表対パナマ代表の試合をスタンドから観戦した。

この試合、拓実と成は先発で出場すると、拓実が42分に先制弾を挙げた。ディフェンダーを背負いながら鋭い反転をして、左足の強烈なシュート。拓実らしい素晴らしいゴールだった。

拓実はゴール前で混戦になっても、なぜか目の前にボールが転がってくる。成は果《か》敢《かん》な前線への飛び出しは変わっていなかった。翔哉は出場機会がなかったが、僕にとって本当に懐かしさと刺激をもらった90分間だった。


日本代表戦の数日後、僕は練習後に神田勝夫さんと話し合うことになった。

「史哉、そろそろ契約を再開させたい。次の10月30日の検査の結果が問題なければ、契約凍結を解除したい」

僕としてはまだクラブの一員になりきれていない違和感がずっとあったし、契約がまだ凍結されていることに対して、「じっくりやればいいいか」とどこかで甘えていた部分があった。その思いを抱く自分が正直、嫌だった。それを早く断ち切って、みんなど同じサバイバルレースに加わり、本物のクラブの一員となってチャレンジしていきたいという気持ちが大きくなっていた。

「はい、それでよろしくお願いします」

そして、10月30日。検査の結果、異常なしという診断を受けると、11月12日、僕は中野幸夫社長と神田さんに呼ばれ、そこで正式に契約凍結解除の書類にサインをした。早川史哉、プロ契約凍結解除。僕の声明がクラブのホームページで正式に発表された。

〈いつも温かいご声援をいただきまして、誠にありがとうございます。このたび契約を再開していただけることになりました。これからも直面するだろう課題に目を背けることなく、強い覚悟をもって臨んでいきたいと思います。

早いもので造血幹細胞移植から2年という年月が過ぎようとしています。思い返せば本当にいろいろなことがありました。退院後にリハビリをスタートできたこと、ピッチでボールを蹴れるようになったことや、アカデミーの練習に参加できるようになったこと。また、本間勲さんの引退試合では、ビッグスワンのピッチに立てたということだけでなく、勲さんと一緒にプレーできました。そして、トップチームの練習に参加できるようになったことなど、僕にとってかけがえのない時間でした。サッカー面に限らず、小児病棟訪問や学校訪問、病院内ビューイングなどの活動を通じて、多くの経験を積み、たくさんの出会いもありました。

契約再開までの出来事は、僕一人では決して成し遂げることはできませんでした。全てアルビレックス新潟というクラブの理解やサポートがあってこそ、実現できているということです。改めてクラブに感謝申し上げます。

そして、常に励まし、支えてくださったアルビレックス新潟サポーターの皆さんをはじめ、ご支援いただきました全ての皆様に、深く御礼申し上げます。

これからも自分が大事にしている「誠実」「全力前進」という言葉を胸に、一日一日を大切に過ごしていきたいと思います〉

僕の声明がクラブのホームページで正式に発表された。この瞬間、僕は正真正銘のプロサッカー選手に戻ることができた——。

第5章

そして歩き出す

プロへの復帰

2018年11月12日。僕とアルビレックス新潟との契約凍結解除のプレスリリースの文章は、一生懸命自分で考えたものだった。感謝の言葉で始まったのは、これまでいろんな温かい応援をもらったことに心から感謝をしているし、それがあったからこその今だと思っているからだ。

そこからは闘病中のことを思い出しながら、退院後にリハビリをスタートさせたときの希望やワクワク感を伝えたかった。勲さんの引退試合や、やれること、やってきたことへのポジティブな感情を文章に表すことを心がけた。

このリリースを受けて、僕の元には多くの連絡が届いた。ちょうどこのリリースがなされたとき、僕は新潟市内のカフェでアルビレックスのホームページにのせるコラムを書いていた。

すると僕の携帯には多くのメッセージが届いた。SNSを見ると、僕の契約凍結解除を喜ぶ声で溢れていて、それを見た瞬間、涙が出てきた。心の底から嬉しかった。

しかし、その一つひとつを読んでいくにつれて、徐々に違和感を覚えるようになった。

「ビッグスワンのピッチに立つことを楽しみにしています」

「ピッチに帰ってくるまでもうすぐですね」

「早くピッチに立っている姿を見たいです」

どれも愛情に満ちていて、そこに悪気がないことはわかっているし、嬉しい言葉だった。でも、その言葉を素直に受け止めきれなかった。

「周りが思っているような位置には立っていないのにな……」

自分が思っている以上に、周りが順調に進んでいるという印象を抱いていると思った。トップチームの練習に参加したときに思ったように、山の頂上が近づいてきたからこそ、今の自分の位置と山頂までのリアルな距離感と、険しさをまざまざと痛感させられる。それは日に日に大きくなっていた。

プロサッカー選手に復帰することができたからこそ、より公式戦のピッチに立つ難しさ、道のりの険しさを理解している。にもかかわらず、周りはそれが簡単に実現するかのように声にする。

複雑だった。言葉に対しての喜び、幸せを感じる。でも、その一方でまだ終わりじゃないし、ゴールじゃないし、将来の道が保証されているわけでもない。冷静な俯瞰をする「もう一人の自分」がいて、祝福と激励の言葉に喜んでいる自分に対して、

「おい、お前はまだ何もしていないじゃないか」と語りかけてくる。

このもう一人の自分はこれまでのサッカー人生で先生や指導者になる視点として培《つちか》ってきたものだった。いわば意図的につくり上げてきたものだったが、それが時として自分にとってマイナスの抑止力に働いてしまう。

闘病中はサッカーから離れ、治療に必死になっていたからこそ、もう一人の自分は出てこなかった。でも、本格的にサッカーと向き合うようになったことで、自分のサッカー人生に必要なものとして、再び僕の前に姿を表すようになった。

感動して涙する僕に、「待て、待て」と釘を刺してきて、一気に現実に引き戻してくる。嬉しいときこそ、その存在に嫌悪感を抱くが、この存在が冷静に見てくれているからこそ、自分を助けてくれるし、前に進めているのもわかる。

これは復帰を決めてからずっと繰り返しているし、これから先も繰り返し続ける僕の人生においての「性《さが》」として受け止めている。

2018年11月17日。J2リーグ最終戦となるホーム・レノファ山口戦。

僕はビッグスワンの陸上トラックにいた。契約凍結解除を受け、試合前にサポーターの前で挨拶をすることになったのだ。

ジャージの上にオレンジと青の28番のユニフォームを着て、ベンチコートを着てから、僕はゆっくりとピッチ手前に用意されていたマイクに向かって歩いて行った。

歩きながら、スタンドに目をやると、スタンドには多くの横断幕が飾られていた。

「頑張れ早川史哉」

「早川史哉　勝利を摑め28俺らも共に闘おう!!」

「おかえり史哉」

「史哉と共に」

「病に負けず闘う男を俺たちは知っている　またピッチで戦おう　がんばれ早川史哉」

マイクの前に立つと、スタンドから大きな拍手を浴びた。

「アルビレックス新潟サポーターの皆さん、こんにちは。そしてレノファ山口サポーターの皆さん、ビッグスワンへ、ようこそおいでくださいました。

この場をお借りして、ご挨拶をさせてもらいます。このたび、クラブとの契約凍結を解除していただきました。

いつも僕を励まし、共に闘ってくださったアルビレックス新潟サポーターの皆様、すべてのご支援をいただいた皆様に改めて感謝申し上げます」

そして、僕はベンチコートを脱いで、28番のユニフォーム姿になった。

「もう一度このクラブのエンブレムをつけて戦えるチャンスをいただけた僕は本当に幸せ者です。ただ、ここがスタートラインです。もう一度、プロの一員として勝利を、またチームに貢献できるよう頑張りたいと思います。また、来季から選手登録を目指して、日々努力していきたいと思っています。これからもアルビレックス新潟への熱い応援をよろしくお願いします。ありがとうございました」

マイクでこうコメントし、すべての方向に頭を下げると、スタンドからは「史哉コール」と僕のチャントが沸き起こった。

「お〜史哉、勝利をつかめ〜俺らも共に戦おう」

僕はチャントを歌うスタンドをじっと見つめた。サポーターも僕と一緒に闘ってくれた。ずっと寄り添ってくれた。支えてくれる存在で、小さい頃からずっと憧れ、実際にプロとしてピッチに立っても、もう一度見たいと思う景色を僕に与えてくれた存在。あの景色があったからこそ、僕は病気と闘い続けることができている。

僕は幸せ者。これは嘘偽りなき本当の思いだった。

一礼をしてその場は引き下がったが、最終戦だったため、場内一周に加わると、いろんな励ましの声が届いたり、いろんな思いをじかに受け止めたりすることができた。

本来はユニフォームを着て、試合終わりに回らないといけないし、みんなの期待や思いに応えたいというプロとしての責務を感じていた。

２０１８年12月31日。

大晦日に僕は家族全員と長岡市の母方の祖父母の家に行った。親族も集まり、みんなで年越しをすることは、僕が病気になってからは一度もなかった。それだけに僕が姿を表すと、おじいちゃんもおばあちゃんも満面の笑みで迎えてくれた。

みんながそろっての夕食のとき、僕は急にみんなで写真が撮りたくなった。以前はみんなで撮ることはなかったけど、ふと「誰がいつどうなるかわからないから、家族の証《あかし》を撮っておきたいな」と思い、僕が提案してみんなで集合写真を撮った。

そのあと、夕食の際に乾杯の音頭を取ったおじいちゃんが感慨深そうな顔を見せた。

「史哉が病気になってから初めて、ここで年が越せる。こうやってみんなが健康で元気でいられるのは何よりも幸せだ」

こう話したとき、僕の胸は詰まった。

「みんなあまり口にしていなかったけど、ずっと俺を支えてくれていたし、負担もかけてしまっていたんだ。やっぱり俺はみんなにプレーしている姿を見てもらいたい。それが俺にとっての最高の恩返しになる」

涙をこらえながら、僕はそう決意を新たにした。

迎えた2019年。僕にとってプロサッカー選手としての本格的なリスタートの1年が始まった。

「自分に甘えちゃいけない」

これまでも感じていたように、自分のやれるレベルが上がれば上がるほど、「生きていればなんとかなる」という変な自信がどこでも自分のマイナスになっていた。

病気を治すという観点からすれば、その考えは正解だった。しかし、僕が目指しているのはプロサッカー選手としての本格復帰。プロフェッショナルというのは、極端なことを言えば、何かを成し遂げるために命を削るというか、よりストイックに自分に厳しさをもって追求していかないといけない。自分の体を労《いた》わることと逆のことをしないといけない。

命を削らないように生きてきたのに、それと逆のことをする。自分の人生に突如発生したその矛盾が、プロサッカー選手として壁に当たれば当たるほど大きくなった。

契約凍結が解除され、もう自分は心身ともにアルビレックスの一員となり、白血病だったという色眼鏡は存在しなくなった。その境遇になったことで、ようやく僕の心に火がついた。その矛盾に本当の意味で真っ向から立ち向かえるようになった。

でも、「一難去れば、また一難」というように、険しくなっていく山の過程で僕に新たな壁が突きつけられた。その壁は自分の左目だった。

右目は正常に動いているものを捉えられるのに、左目は視線が追いつけない。この違和感は退院したときから感じていた。左目がガチガチに固まっているというか、後頭部のほうに目の周りの筋肉が引っ張られているという感覚で、なかなか焦点が定まらず、退院後は日常生活にも困る状況だった。

これは体調に異変をきたしたことで、輻輳《ふくそう》（眼球が中央によること）と開散（目が元の位置に戻ること）機能が弱っており、それが左目に顕著に出てしまった。

退院してしばらくしてからそれを補正する眼鏡を紹介してもらい、1年前からずっとサッカー以外のときはかけていた。

この眼鏡のおかげで徐々に左目の焦点が合うようになり、トレーニング復帰をした頃にはボールを目で追えるくらいまで復調していた。ユースの練習やトップチームの練習に参加しても、そこまで違和感を覚えなかったが、2019年シーズンを控えるチームキャンプでまだ左目が高速の動きに対して、きちんと機能していないことに気づいたのだった。

高知キャンプ

２０１９年1月16日から2月16日まで、僕は１カ月にわたる高知キャンプに帯同した。一昨年、昨年と僕は新潟に残って黙々とトレーニングをしていたことを考えたら、大きな前進だ。期待と不安をもって挑んだプロ入りしてから二度目となるキャンプ。初日、２日目と日にちを重ねるほど、僕の心はまた鈍感力と敏感力の２つの矛盾で葛藤するようになっていった。

ただし、高知キャンプはこれまで参加していたトップチームの練習とは感覚が違った。

以前はまだ僕は「お客様」で、チームの一員のようで一員ではなかった状態だった。それに僕自身も練習についていくのがやっとで、自分のプレーが具体的にどうだったか、アルビレックスというチームにおいてどういう位置付けや影響をもたらしているかなど、そこまで噛み砕いてサッカーをしていなかった。

だが、今回はアルビレックスの戦力の一人であり、よりチーム戦術やポジションにおいて自分がどういうプレーをしているのかをリアルに突きつけられながら、１日を過ごす。

とくに1日の練習が終わったあとに、実際の練習での映像を見て、「このシーンで判断が遅れている」「ここで相手の動きを捉えられていない」など、逃れられない自分の現状を示されると、もう返す言葉がないくらい打ちのめされた。

「自分がどこに立っているのかわからない……」

サッカーは縦１０５メートル、横68メートルの広大なスペースのなかで行われる。もちろんそれぞれのポジションはあるが、そのなかで、今自分がどこにいて、味方がどこにいるかを正確に判断し、ボールの動きと人の動き、そして空間を把握しながら動かないといけない。

たとえるなら自分のなかに正確なＧＰＳ（全地球測位システム）をもっていないと、組織としても個人としてもプレーするのが難しいスポーツだ。

しかし、そのＧＰＳが長いブランクによってくるってしまっている。自分のプレー映像を見て、それを痛感してからピッチに立つことで、より大きな違和感を覚える。

自分のプレーは決定的に認知（空間認知、ボールの軌道の認知、人の認知、スペースの認知など）に欠ける。自分の立っている位置の把握に手間取り、そこからどんどん動いていくことで、自分が今どこにいるのかわからなくなり、混乱する。「もしかしたら俺はまた見当違いのところにいるんじゃないか」と、映像で見た自分がフラッシュバックする。

なかでもクロスへの応対は難しかった。たとえば右のセンターバックをやっているときに、僕から見て左側から飛んでくるクロスは右目がメインとなってボールを捉えるから見やすいが、逆に自分の同サイドから来るクロスは左目で捉えようとするため、その動きに目がついてこない。

クロスに飛び込んでくる選手をマークし、クロスを弾き返さないといけないのに、ボールの軌道が把握できず、フリーでシュートを打たれてしまう。

予測をしながら動いているつもりだが、それが現実とアジャストしないのだ——。

高知キャンプも折り返しを迎えた2月2日。キャンプ地である春野総合運動公園陸上競技場で、アルビレックスはＪ３のカマタマーレ讃岐と練習試合を行った。

45分３本で行われたこの試合、僕にとっては本格復帰後初となるＪクラブとの試合で、かなり緊張していた。こうした場に帰ってきた喜びはもちろんあったが、高知に来て、毎日、自分の現在地を思い知らされていただけに、不安のほうが大きかった。

出番は３本目にやってきた。右のセンターバックに入った僕は、いきなり異変を感じた。マッチアップする相手の左サイドハーフがドリブルで仕掛け、僕の背後にボールを蹴り込んだ瞬間だった。

相手選手からボールが蹴り出された瞬間、僕の視界の左側が暗くなったように感じた。気がつくとボールは自分の遥か後方に落ちていた。

「あ、あれ……」

ボールの動きを捉えられない。これまで紅白戦にも出場していたけど、この試合の感覚は今までと全然違った。緊迫感というか、スピード感というか、シーズン開幕まで１カ月を切って、それぞれがアピールをしようとする意思がひしひしと伝わってきて、僕の体がその雰囲気に馴染みきれなかったのもあったかもしれない。

周りの動きについていこうと、必死で頭を働かせ、予測しようとするが、体はついてこないし、肝心の予測も外れることがあった。

「気持ち悪いな……」

吐き気とか、体調不良によるものじゃない。クロスへの感覚、味方と連動する感覚がまったく周りと合わない。それどころか自分の心と頭にまったく合わない。自分の体でありながら、自分の体ではないような感覚が僕を支配した。

センターバックのコンビを組んだのは岡本将成。彼は今シーズン、アルビレックスユースから昇格してきた選手で、いわば僕の後輩であり、一緒に練習を積んできた「同期」でもあった。

将成は前に強いタイプだということはわかっていたけど、彼をコントロールしてあげるべき立場の僕が、的確な声を出せなかったし、彼の持ち味を引き出してあげられなかった。

それどころか3本目にチームは2失点したが、1失点は将成が前に出た瞬間に、僕はその裏をカバーしないといけないのにカバーしきれず、そのスペースに飛び込んだ相手に簡単にシュートを打たれて決められてしまった。

そのあともクロスに視点が合わずに、思っていた場所より遥かに手前の場所で「ここだ」と思ってポジションを取り、結果自分の目の前をボールが通過して、フリーの相手に渡っていくシーンがいくつかあった。

試合は3本目で追いつかれる形で2－2のドロー。僕はまったくといっていいほど、チームに貢献できていなかった。むしろ、足を引っ張っていた。

「あ、俺は、今までサッカーをしてこなかったんだ……」

これまでは「個人的に」体力を戻そう、ボールフィーリングを戻そう、ステップやスピードを戻そうとしてきた。２０１９年シーズンに入って、それをどうフルコートのピッチのなかで、「11対11」の一人として発揮するかの領域に移行した。いわば主観的な部分から、相対的な部分に変わってきたのだった。

「チームのなかにおける自分」になった途端に、複雑な要素が絡み合ったものに変化をする。そこに自分が完全についていてきていない。

試合の夜、僕はずっともやもやを抱えていた。徐々に取り戻しつつあった自信が、この試合で、たった45分で粉々に打ち砕かれた思いだった。ベッドの上で仰向けになりながら、飛び散った破片を一つずつ拾い集めるように、僕は自分自身と向き合った。

気がつけば時計の針は深夜2時を回っていた。もう寝ないといけない。部屋の明かりを消して、布団にもぐり込むと、ふと入院生活の記憶が浮かび上がった。

「こうしてサッカーのことで本気に悩めるだけいいじゃないか……」

あの頃の生活を考えたら、サッカーのことで悩めるだけ幸せなこと。前進しようとしているからこそ、「次はこうしよう」「この課題を克服しよう」と考えることができるし、現に今僕はアルビレックスの一員として開幕に向けたキャンプに参加できているじゃないか。

「今までは『サッカー』をしてこなかった。あくまで自主トレレベルだったんだ……。でも、今、俺は『サッカー』をやっているんだ」

組織の一員としての責任に対する自分の仕事のできなさにすごく悔しさを覚える。任務遂行、チームとしての義務がはたせていない自分に対する悔しさ、情けなさが出てきたうえでの苦しみだった。

もう自分一人の問題ではない領域にきた。もう「病気だったから」「なんとかなるだろう」は通用しない。正真正銘、僕はプロサッカーのピッチに戻ってきた。

「この経験を大切にしないと、先には進めない」

再び大きなモチベーションが沸き起こってきた。生きている実感を覚えながら、僕はそのまま眠りについた。

殺到する取材依頼

2019年2月12日。この日、競泳女子の池江璃花子選手が、自身のSNSで白血病になったことを発表した。

ちょうどこのとき、滞在先のホテルから午後練習に向かう移動中だったが、一気に僕の携帯が鳴るようになった。池江選手の発表を知らなかった僕は、正直驚いたが、友人のメールを見たとき、初めてその事実を知った。大きな衝撃を受けていると、広報の國井拓也さんから電話がかかってきた。すぐにその関連のことだとわかった。

「史哉、池江選手の件でいろんなメディアが史哉の取材をしたいと連絡がきている」

「はい、そうだろうと思っていました」

「ＯＫなら、今から高知に向かうと言っているけど……」

「リクエストがあるのはわかりますが、僕は池江選手と面識もないし、状態もわからないので、僕が言えることはないと思うんです。なので、一度考えさせてください」

練習場に到着すると、すぐに國井さんが駆け寄ってきた。

「もしかすると、取材がこれから殺到する可能性もあると思う。史哉の言う通り、慎重に対応しよう」

國井さんも僕の気持ちをわかってくれていた。練習時間を遅らせるわけにはいかないので、僕はまず國井さんに対応を任せて、練習に集中した。そして、練習が終わると、すぐに國井さんと話し合った。

「僕の発言によって池江さんが僕と一緒にくくられてしまって、彼女の気持ちを傷つけるようなことがあってはならないと思うので、僕がテレビカメラや記者の前に立って話をすることは難しいと思います」

「わかった。何かしらのものは求められると思うから、クラブとして史哉のコメントをホームページで発表する形にするのはどうかな？」

「わかりました。そうしましょう」

ホテルに戻ると、僕はすぐに國井さんとコメントを慎重に考えた。

何度も言ってきたが、僕は運が良かったのもあった。もちろん、医療関係者の努力のおかげで、今を生きていることは間違いないが、たとえ同じような病気でも、それぞれ種類や症状、治療法などすべてが異なり、一括《ひとくく》りにすることはできない。それを僕は自分が白血病になって目の当たりにしてきた。

だからこそ、自分を引き合いに出し、過度な期待や、正確性のない予見をしてほしくなかった。同じアスリート、人間として、池江さんには心からのエールを送りたい。でも、逆にそっとしておいてあげたい。そう思ったからこそ、ここは慎重に対応しないといけないと考えた。

言葉を選び、話し合いをしながら、文章を何度も見直してコメントを完成させた。

その日の夜にこうホームページに掲載された。

〈まずは、池江選手の病状がはっきりしていない現段階では、軽率な発言や憶測で判断し、メディアを通してお話するべきではないと思い、クラブを通じてコメントさせていただきます。

正直に自分としてはショックを受けていますし、他人事ではなく、自分のことのように感じています。池江選手の気持ちを考えると、言い表す言葉が見当たりません。これからどういう治療、どういう経過をたどっていくのかは分からないですが、競泳選手としての池江さんというより、一人の人間として病気に立ち向かってほしいです。

選手として活躍されていて、周りの多くの方はどうしても綺麗なドラマのように、復帰して再び活躍する姿を見たいと期待していると思いますが、まずは一人の人間として元気になってくれることを僕は願っています。決して明るく前向きなことばかりでないと思います。池江選手には、周りの信頼できる人たちといろいろな想いを共有して、決して一人で背負いこまず、じっくりと強い気持ちをもって病と戦ってほしいです。

僕自身、いろいろな人から温かい想いをいただいたことが、間違いなく大きな力になっています。しかし、それを背負い過ぎることなく、また期待を意識し過ぎずに自分のことを第一に想って進んでほしいと思います。

だからこそ、白血病を経験した僕から周りの方々にお願いがあります。池江選手に温かい優しさをたくさん与えてほしいと思います。そういう想いが必ず池江選手の力になると思っています。それは、僕自身も感じてきたことでもあるからです。みなさんにはスポーツに関わる者として、リスペクトをもって池江選手を支えてほしいです。ぜひ、人の思いやり、温かみという部分で池江選手に寄り添い、温かい想いをみんなで届けていけたらと思います。

僕自身が力になれることがあれば協力させてもらいたいです。お互いアスリートであり、共に頑張っていきたいとも思います。そして、池江選手のペースで一歩ずつ、じっくりと前に向かって進んで行ってほしいと願うばかりです。

今、SNSで「早川選手が2年、3年で復帰したから大丈夫」という話を目にしますが、それぞれの病気ですし、病気によってもそれぞれの段階があると思います。誰かと比較せずに池江選手のペースでしっかりと病気と向き合って進んでほしいのが一番の願いです。

池江選手に対するリスペクトと思いやりをもって、彼女の戦いに大きな優しさと温かさをもって寄り添ってほしいです。〉

人それぞれで同じではない。自分との闘いのなかで過度な負荷をかけてはいけない。そんなに白血病は簡単なものではないのだから――。


2月16日。高知キャンプの全日程が終了した。

このキャンプは僕にとってかなり苦しい時間だった。キャンプに参加するまでは、ここまで問題があるとは、思わなかった。正直、そのギャップに非常に苦しんだ。覚悟はしていたが、もうちょっと「すんなりいくのかな」と思っていた。それは、僕なりに考え直すと、「前向きに捉えた代償」であり、甘さであった。

毎日、毎日「できない」と突きつけられる。上を見続けているはずなのに、どんどん下に突き落とされることを繰り返すのは、精神的にかなりつらかった。

自分の最大のアピールポイントである視野の広さや、危険なスペースを見つけて埋める察知力、攻撃の組み立てに参加する力が、出せていないということは、「良さを出せない並以下の選手」ということだ。今の僕はまさにそれだった。

新潟に戻っても、現実を突きつけられる日々は続いた。でも、同時に前進も感じていた。スライディングでボールを奪ったり、そこから前に運んだりと、徐々にやれることは増えている。高知キャンプで痛感した左目の反応も、本格的なサッカーをこなすうちに違和感は薄れていった。

自分の体が思うように動けていることがわかっているからボールを奪える。現象の前の動きの部分の何かが保証されるようになってくると、その問題点はどんどんクリアされていく。それが僕にとっての希望だった。

2019年2月24日。2019シーズンのJ2リーグが開幕した。

プロとしてのシーズンが幕を開けたが、このときの僕は大きな壁に直面していた。僕のなかで「魔の15分」というフレーズが心に圧迫を与え始めていた。

これは紅白戦や練習試合に出場すると、プレーを始めた瞬間から息が上がってしまう自分がいて、それがプレー時間15分くらいに差し掛かると、ピークを迎える。ピークを迎えた途端に、今までできていたことが一気にできなくなってしまうのだった。たとえばパス1本にしても、ボールにしっかりと力を伝えることができないし、僕の生命線でもある「どこにどのようなパスを出すか」という繊細な作業がまったくできず、ミスのオンパレードになる。

自分で自分を制御できないし、ピッチにいること自体が苦痛になることもある。それが恐怖心を生み出し、プレーする前から必要以上に「魔の15分」を恐れるようになってしまった。

「俺がいるとみんなに迷惑がかかる」

自責の念にかられる日々が続いた。ここからずっと試合に出させてもらっても、迷惑をかけ続けている自分の存在が消えることはない。なかなか改善しない焦りと不甲斐なさがあった。

「何かを変えないといけない」

そう思っていたときに、意識が変わる出来事が立て続けに起こった。

一つのゴール

２０１９年5月1日。この日は10分×３本の紅白戦があった。

この試合の３本目にボランチとして出場した僕は、右サイドでの相手のスローインを奪ったとき、自分の前のスペースが空いているのが見えた。相手もそれに気づいて、ヨーイドンでそのスペースに走り込むと、僕が走り勝った。

次の瞬間、パスが僕の元に届くと、最初のトラップで理想的な位置にボールを置くことができ、そのままシュートを放った。

打った瞬間に「入った」と確信した通り、ボールはゴールネットに吸い込まれた。

昔の自分のいい部分が出たゴールだった。走り込んでパスをもらって、動きながらトラップしてシュート。久しぶりの感触に感情が高ぶり、ゴール後に僕は「よっしゃあああ!!」という雄叫びをあげた。

たかが紅白戦のゴールかもしれない。でも、僕にとっては重要なゴールであり、まだサッカーを始めた頃のように、純粋に嬉しい気持ちを爆発させることができた。この感情を味わえたことは、僕のなかでものすごく大きなことだった。

これまではサッカーはどちらかというと自分にとっては試練を強いられる場で、苦しい自分のほうが優っていた。

でも、このゴールの瞬間、心から「サッカーは楽しいものだ」ということを改めて感じることができた。こういう成功体験が自分の後ろ盾になってくれるんだと感じたし、その4日後にも改めて気づくことができた。

2019年5月5日。ホーム・レノファ山口戦の翌日、僕はアルビレッジでのJ3

のＡＣ長野パルセイロとの練習試合に右サイドバックとしてスタメン出場した。

いつものようにファーストプレーから息が乱れていくのがわかると、「またここから苦しくなっていく時間がくる」と強烈な不安に襲われた。そして「魔の15分」がやってくると、予想通り僕の息は完全に上がり、思考もどんどん鈍っていった。

しかし、この日はケガ人などの影響で、練習試合に参加するメンバーが少なく、交代メンバーも限られていた。試合前に吉永一明監督から「行けるところまでやってくれ」と言われ、「ここでまた自分が真っ先に使い物にならなくなったらチームに迷惑がかかる」と覚悟をもって試合に臨んでいた。

それだけにこんなところで自分が脱落してはいけない。僕は気力を振り絞ってプレーを続けた。すると、僕の体を不思議な感覚が包んだ。

あれだけ乱れていた息が徐々に整い始め、頭のなかがだんだんクリアになっていった。同時に体も軽くなっていった。

「これは……行けるかも」

僕は体の底からみなぎってくるパワーを感じながら、プレーを続けると前半45分間の終了を告げるホイッスルが鳴った。

「史哉、後半も行けるか？」

「はい！　行けます」

僕は吉永監督の問いかけに即答した。後半が始まると、「魔の15分」はこなかった。決してパフォーマンスが良かったわけではないが、順調にピッチ上で時間を刻むことができた。試合終了の笛が鳴ると、真っ先に小川佳純さんが僕に声をかけてくれた。

「史哉！　お前90分やり切ったな!!」

笑顔でハイタッチを交わすと、次々と僕の元に選手たちが駆け寄ってきてくれた。

「おめでとう！　90分やれるじゃん!!」

仲間からの心温まる言葉に感謝と喜びを噛み締めながら、ベンチに戻ると、吉永監督を始めスタッフやほかの選手たちもまるでスタンディングオベーションのように拍手と笑顔で出迎えてくれた。

「大きな一歩だな」

「俺、90分間プレーできるんだ！」

紅白戦でのゴールと90分間のプレー。この事実が僕の背中を大きく押してくれた。同時にこれまで自分で自分の可能性に蓋《ふた》をしていた事実も知ることができた。

僕は口では「試合に出たい」と言っておきながら、「魔の15分」という自分の限界を勝手に決めて、思い込んでいた。だからこそ、そのシナリオに自分が乗っかり、結果として45分すらプレーできない自分に仕立ててしまっていた。

でもその精神的な壁を突き破ることができたからこそ、その先の景色と自分の可能性を知ることができた。

たった1試合で「魔の15分」は消え去った。視界が一気に開けた僕は、その次の週からの練習はびっくりするくらい体が軽かった。呼吸が安定したことで、プレーにも余裕が出てきた。

意識が変わったことで、「紅白戦に1本目から出たい」という欲望が強くなり、2本目、3本目から出る自分が悔しくなってきた。

「絶対に負けない。俺は試合に出るんだ」

プロとして正直忘れかけていたハングリーな気持ちが、自分のなかで再び湧き上がってくることが実感できた。成長していく手応えをつかんだことで、紅白戦にもスタートから出場できるようになった。

2019年7月上旬。梅雨が明け、季節の変わり目のこの週、僕はずっと風邪が続いていた。普段であれば「ただの風邪」として扱えるが、周りが「史哉、大丈夫か?」「病院に行かなくても大丈夫か?」と僕以上に心配をするようになった。周りの心配の声に自分まで心配になってしまった。

「本当に風邪なのかな」

軽いものの はずなのに、重いものになっていく。恐怖を感じた僕は、チームドクターのいる新潟医療センターにお願いをして、血液検査をしてもらった。

幸い、検査の結果を見ても問題がなく、ただの風邪だったことが判明。正直ホッとしたが、「風邪すらも血液検査の結果を見ないと安心できないのか……」と暗い影が心に残った。

周りの目からはつねに病気の影が僕についていて、僕もまたすぐ横を見たら病気の影が存在する。

それは命という火を燃やし続けるが、燃え尽きさせてはいけない。プロサッカー選手として上に行くためには、情熱を灯し続けながら、命を削っていかないといけない部分がある。でも、燃え尽きたら本当に終わりを迎えてしまう。

この矛盾は、つねに抱え続けることになる。

１２５６日ぶり

２０１９年８月11日。試合に出るメンバーはこの日、Ｊ２リーグ第27節のアウェイ・モンテディオ山形戦に出場するために山形にいた。

メンバーに入らなかった僕は、新潟に残っていた。試合の朝、いつも通り僕がクラブハウスに居残り組の練習に参加すべく、準備をしていたとき、チームスタッフから電話がかかってきた。

「なんだろう？」と思いながら電話に出ると、「史哉、試合メンバーにアクシデントが起こったから、もしかするとこれから山形に来てもらうかもしれない」と言われた。

「えっ？　でもまだ決定じゃないですよね？」

「実際にベンチ入りになるかどうかわからないけど、山形には来てほしい」

「わかりました」

僕は言われるがまま、練習には参加せず一度家に戻って、急いで遠征用バッグに試合に必要なものを詰めた。このとき、僕はふと「アクセサリーをもっていかなきゃ！」と思い、引き出しを開け、加奈ちゃんがつくってくれたアクセサリーをリュックに入れた。

「もしかしたら試合に出ることができるかもしれない」

僕は落ち着かない状況で、再びクラブハウスに戻り、強化部の人の車で山形に向かった。チームが滞在するホテルに着くと、「史哉、すまん。今回は大丈夫だった」とスタッフに言われた。

正直、「なんだ……」と力が抜けた。でも、自分が19番目の選手（リーグ戦の遠征メンバーは18人）であることがわかった。

「メンバー入りまであと一歩の場所にはいるんだ」

モンテディオ戦は観客として観ることになったが、僕の心のなかは希望のほうが大きかった。


２０１９年8月17日。Ｊ２リーグ第28節、ホーム・ファジアーノ岡山戦。

僕にとって忘れられない日となった。試合の前日、僕は吉永監督に呼び出された。

「史哉、明日ベンチ入りメンバーに入れるぞ」

正直、「やっと来たか」という思いと、「いいのか」という驚きの両面がこみ上げてきたが、嬉しさのほうが勝った。

その夜、僕は家に戻ると、自分の部屋のベッドの上でいろんな想像をした。ビッグスワンにアップのために入っていく姿を思い浮かべたり、サポーターから応援を受けている姿や、試合の光景などを頭に描いたりした。

僕のなかでアルビレックスサポーターの応援は特別で、スタジアムの光景は僕にとって重要なときにいつも頭に思い浮かべる。病気を公表するとき、凍結解除を公表するときのプレスリリースを書いたとき、闘病中に心が折れそうなときにもこの光景を思い浮かべていた。どんなときもずっと思い描く光景。

「やっぱり俺はずっと一貫してここを目指してきたんだ」

自分のやってきたことの意義を改めて見出すことができた。

試合当日の朝。ぐっすりと眠れた僕は、爽快な朝を迎えた。

家族と朝食を済ませたあと、僕はいつもの海へ散歩に出かけた。夜の試合だったので、少し体を動かしたかったのと、自分の心を落ち着かせるために僕の大好きな風景を見たかったのもあった。

病気のときも通ったいつもの散歩道。同じ道だし、変わらない風景だが、これまでと比べて全体の色が明るく感じた。

とくに空はより青くて、広く感じた。病気のときは歩くという行為自体がしんどくて、どうしても目線が下を向いてしまっていた。でも、今は違う。僕はサッカーが思い切りできるところまで回復し、気持ちも高ぶっていて、目線が下がることがない。今思うとあの頃見えていた空は、「下の下の空」で、「遠い空」だった。今見えているのは自分の頭上を包み込む透き通った空。

一歩を踏み出すのに必死になっていた自分から、そこをクリアして進みながら、いろんなものを見ることができるようになった自分。改めて自分の積み重ねた日々の意義を感じることができた。

しばらく海を見つめ、自由を体いっぱいに感じてから、僕は家に戻った。

家に戻ってからもどこかふわふわしていた。14時半に集合場所のホテルに向かうために家を出ると決めていたが、その時間にまだ余裕があっても、立ったり座ったり、荷物をまとめ直したり、リビングと自分の部屋を行き来したりと、落ち着かない時間が続いた。それくらいワクワクする気持ちを抑えきれなかった。

「落ち着かなきゃ」

僕はリュックにしまっておいた加奈ちゃんからもらったアクセサリーを取り出し、しばらく眺めた。

「加奈ちゃん、いよいよ俺、ベンチ入りすることができるよ。まだ試合に出るかどうかはわからないけど……。一緒にビッグスワンに行こうね」

自然と涙がこみ上げてきた。僕は本当にいろんな人に支えられている。そわそわしている気持ちを落ち着かせ、14時半を迎えた。

僕は車で集合場所のホテルに向かうと、ホテルで軽食とチームミーティングを済ませ、いよいよオレンジのチームバスに乗り、ビッグスワンに向かった。

最近は自分の車で向かっていたビッグスワンに、公式戦メンバーとしてバスで向かう。否応なしに気持ちは高ぶった。バスから見える光景は何もかも新鮮だった。スタジアムに近づくと、僕の気持ちもどんどん引き締まっていく。ビッグスワンの外観が見えてくると、いつも普通に眺めていた空気とは違う。

スタジアムの入り口に差し掛かると、大勢のアルビレックスサポーターが出迎えに来てくれていた。

力強いチャント、手拍子がバスのなかに響き、オレンジと青のユニフォームを身にまとった人たちがフラッグなどを振って僕たちのテンションを上げてくれた。そのなかには僕への幕もあり、涙が溢れたが、悟られないようにサポーターには笑顔を見せた。

公式戦のロッカールーム。気持ちを高めながら入ると、28番のユニフォームが掛けられていた。正真正銘の僕が着るユニフォームだ。

自分のスパイク、レガース、何もかもが用意された場所に腰かけると、

「俺、帰ってきたんだな」

と、ふと思った。アップが開始する前、メインスタンド下のスペースで入念にストレッチをした。そして、サポーターがつくった花道に向かって外に出ると、大きな拍手に包まれた。

もちろん、これは親善試合ではないし、プロフェッショナル同士が本気で勝ちを目指してぶつかり合う戦場だ。僕自身も決してご褒美でメンバーに選ばれたわけではない。個人的な感情はもつべきではないし、この場にいる以上、チームの勝利のことだけを考えないといけない。

ハイタッチでピッチに入っていく瞬間、僕はプロサッカー選手としての「日常」に戻った。やはりサポーターから浴びる「史哉コール」は格別だった。アップが終わり、ロッカールームに引き上げるときに、僕のコールが起こり、普段よりも多く自分の名前をコールしてくれているのがわかった。

僕はそのコールに応えるべく、ゴール裏に手を挙げてから、３６０度全方向に向け

て両手を挙げた。このとき、僕は自分でも驚くほど落ち着いていた。挨拶をしながら、スタンドをぐるっと見渡して、「やらなきゃ」と自分を奮い立たせることができた。

いざ試合が始まると、ピッチ上はまさに「戦場」だった――。

生半可な気持ちで入ったら、たちまち飲み込まれてしまう。これまでスタンドからは観ていたし、普段の練習や練習試合でプロのスピードには慣れていたつもりだった。しかし、２０１６年4月24日以来となる、１２５６日ぶりにベンチで公式戦を観たら、まったく別世界に映った。

「俺はこの世界で戦っていたのか……」

サポーターの大きな声援、バチンバチンと音が鳴るほどの激しい接触、球際の攻防。そして選手の鼓舞する声や、時には激しい怒号も聞こえてくる。

ピッチ上やスタンドから放たれる熱気は僕にとってかなり威圧的で、正直ここに立つことに恐怖すら感じてしまった。

ベンチの目の前にはタッチラインがある。そのタッチラインとの距離はわずか数メートル。少し前に出て歩けば、簡単にまたぐことができる。

しかし、試合が始まってしまえば、当然ベンチメンバーの僕は勝手にまたぐことは許されない。すぐ近くにあるただの白線にもかかわらず、その先への距離は遥か遠く感じた。まるでベンチに座る僕とタッチラインの間に大きな溝があるように感じられた。

目の前に溝があって、さらにタッチラインの向こうにモヤがかかっているというか、はっきりと見えない世界だった。

そして後半に入り、ベンチの横でアップをしながら試合を見つめていた。徐々にモヤが薄くなっていく感覚を得ると、時折、一緒にアップをしていた本間至恩と「あのスペースは仕掛ければ生かせるよね」などと試合展開や狙い目などを話しながら、自分が入ったときのイメージを膨らませることができた。

「凌磨、行くぞ！」

3人目の交代カードとして、ベンチから渡邊凌磨の名前が呼ばれたことで、この試合での僕の出番はなくなったが、自分のモチベーションがさらに上がった。

試合後に場内一周をしたとき、温かい声もあれば、0-3で負けてしまっただけに、厳しい声も聞こえた。でも、それもすべてこの場にいるから、ベンチ入りメンバーとして結果の責任を負う存在だからこそ、直に伝わるサポーターの気持ちだった。

「ここが終わりじゃない。ご褒美じゃない。俺は明日以降がまったく保証されていないプロの世界にいる」

　頂上はよりはっきり見えた。同時に目指す場所の高さ、険しさをよりリアルに知ることができた。もちろんそれによる恐怖は芽生えてきたが、その恐怖が逆に自分を前に進める原動力になる。

「ここまで来たのだから、あの頂上からの景色が絶対に見たい」

　自分の目指すべき場所、居るべき場所をはっきりと見ることができた。僕は新たな気持ちで前を向くことができた。

新たなる景色

　ファジアーノ岡山戦の翌日、僕はアルビレッジで新潟経営大学との練習試合にスタメン出場した。スタートは右サイドバックで出場すると、周りがこれまで以上にクリアに見えることに気づいた。

　相手のプレッシャーをいなしながらプレーをする。パスを出すところもはっきりと見える。前日に緊迫の戦いを目の当たりにしたことで、これまでとは明らかに見える景色が違ったし、パフォーマンスもより軽く、思い描いていたことができる手応えを感じた。

前半14分のことだった。右サイドでボールを受けると、すぐに前を走る凌磨に預けた。凌磨とのパス交換をして、僕はトラップして顔を上げると、ゴールにつながる道がはっきりと見えた。

「史哉、シュートだ！」

なかにいた田中達也さんが大きな声で僕の背中を押してくれた。僕は迷うことなく左足を思い切り振り抜くと、自分でも見惚れるほど綺麗な弾道を描いたボールは、ゴールキーパーの伸ばした指先を通過し、ゴール左上隅に突き刺さった。

「よし!!」

僕はその場でガッツポーズし、喜びを表現した。練習試合では病気後初ゴール。また一歩大きな前進ができた気がした。

その試合、僕は右サイドバック、ボランチ、センターバックと合計3つのポジションをこなすことができた。ポジションにこだわることなく、どこでもチーム戦術に合わせたプレーができる。ずっと昔から自分のストロングポイントとして磨いてきたユーティリティー性を復帰してから初めて、ピッチで示すことができた。

「もっと良くなる。もっとダイナミックさを見せていきたい。そうすれば試合に絡むことができる」

気持ちはより前向きになった。自分が進むべき道が見えた試合だった。

Ｊ２リーグ第29節、ホーム・ツエーゲン金沢戦。

僕は２試合連続でベンチ入りをはたした。この試合も僕の出番は来なかったが、ファジアーノ岡山戦と比べてピッチ上に「モヤ」は存在しなかった。よりクリアにはっきりと試合が見える。

「俺だったらここをカバーするな」「俺だったらここにパスをするな」「この状況だとこうしたほうがいいな」。

自分がピッチに入ったときの具体的なイメージを膨らませることができた。だが、３人目の交代選手の名前がベンチから呼ばれ、自分の出番がないことが確定し、ベンチにゆっくり歩いて戻ろうとしたとき、再び僕の目の前にモヤが生まれた。

自分が座るベンチとタッチラインの間にモヤがかかったのだ。もうあのタッチラインの先に立つまであと一歩のところまで来ている。だが、まだそこまでの道筋がモヤにじゃまされて見えない。

モヤを晴らすためには、練習や練習試合で一つひとつアピールして、吉永監督に使ってもらえるというより、信頼を得られる選手になりたいし、ならなければいけない。覚悟を固める僕に、嬉しい出来事があった。試合前のアップをしているときにツエーゲン金沢のサポーターが、対戦相手の選手である僕に対する横断幕を出してくれていたのだ。

「不撓不屈《ふとうふくつ》　頑張れ！　早川選手！」

感動で込み上げてくるものがあった。ピッチでプレーする姿は見せられなかったが、試合後にツエーゲンのサポーターの前に、ユニフォーム姿で挨拶に行くと、大きな拍手と声援をもらった。

サッカーの素晴らしさを改めて感じる瞬間だった。僕には多くの支えがある。また大きな勇気をもらうことができた。

続く第30節のアウェイ・柏レイソル戦から第33節のアウェイ・ヴァンフォーレ甲府戦まで、ベンチ入りをしたが、出番は来なかった。

準備は万端だ。だが、自分とタッチラインの間のモヤはなかなか消えない。

本当にもどかしい。あと一歩だけど、その一歩が遠い。自分に対する悔しさがある。

当然、焦りも出るし、「このままベンチから外されてしまうかもしれない」という恐怖もある。だが、もっとやらないと貢献できない責任感と、単純に「試合に出たい」という欲望が湧き出ているのもわかる。

一切息を抜く暇がない。これがプロフェッショナルの世界だ。そこには病気から戻ったという甘えは一切存在しない。何度も言うが、それこそ僕が求めていた世界だ。一つひとつ新たな経験を積んで、自分自身がアップデートされていき、昔の感覚、新たな刺激を元に前進できている手応えはある。病気になったことで客観が増えて、復帰をして積み重ねた客観を主観に戻す。

もちろん、今の自分が頭打ちなんじゃないかという不安はつねにあるが、裏を返せば下から上を目指す立場は変わらないからこそ、「これから先、いくらでも可能性がある」とポジティブに捉えられる。僕は後者を信じたい。

僕は何があっても屈しない。「そのとき」のために毎日最高の準備をするだけだ。

２０１９年10月５日。この日は僕にとって特別な１日となった。

前日の夜、僕の携帯に１本の電話が入った。電話の主は吉永監督だった。

「史哉、急遽スタメンにアクシデントがあった。明日、スタメンで起用したい」

最初は何を言っているのかが、わからなかった。実はその日の午前練習で、僕は2試合連続となるメンバー外であることを伝えられていた。もちろん悔しかったけど、これがプロの世界。逆に「絶対はない」という平等な競争の世界に戻ってくることができたんだと、前向きにその現実を受け入れていたばかりだったからだ。

「え……ほ、本当ですか?」

自分でも信じられなかった。僕がスタメンだと告げられた試合は、ホームゲーム。いきなりビッグスワンのピッチにスタメンとして立てる権利を摑んだことに、驚きと胸の高鳴りと、どうしていいかわからない感情が入り混じった。

吉永監督からの電話を切ってからも、落ち着かない自分がいた。ついにずっと待ち望んでいたことが現実になる。一つの目標を達成する瞬間が訪れようとしている。自分の部屋とリビングをグルグルと歩き回るほど、僕はそわそわして落ち着かなかった。自なんとか眠りにつくことができたが、試合当日の朝はいつもより早く目が覚めた。

J2第35節・鹿児島ユナイテッドFC戦。スタジアムに到着してからも、落ち着かなかった。試合前のウォーミングアップのためにピッチに飛び出していくと、大きな歓声と拍手をもらえた。スタジアムすべてを見ようとキョロキョロする自分がいた。アップの最中にオーロラビジョンでスタメンが発表された。

「28番、早川史哉」

とアナウンスされると、大きな歓声が起こった。この時点で鳥肌と涙が出そうになったが、ここで感情的な自分を見せてはいけないと、平静を装った。

選手紹介が終わると、今度はサポーターによる選手のコールやチャントだ。順番的に最初のゴールキーパーの大谷幸輝さんの次は僕だったが、３番目のはずの舞行龍ジェームズさんのチャントが歌われた。この瞬間に、サポーターの心遣いがわかった。スタメン11人中10人までのコールとチャントが終わったあと、少しの間があった。

「いよいよ……来る」

11番目、僕のチャントが歌いだされた。

「あ、歌詞がかわっている」

すぐに気づいた。

「お～史哉勝利のために　俺らと共に戦おう」

実はサポーターの人たちは僕が病気になってから、僕のチャントをつくってくれた。「俺らも共に戦おう」と闘病する僕を支えてくれるメッセージの歌詩《かし》だった。Ｊリーグでベンチ入りするようになってからも、そのままのチャントだったが、スタメン出場が決まったこの試合から、「俺らと」に変えてピッチで一緒に戦うメッセージにしてくれたのだった。

「サポーターにはずっと支え続けてもらっているけど、やっと『お客様』では無くなったんだ……。試合に戻ってくることができたんだ……」

涙がこみ上げてきた。サポーターの僕への想いが、わかりすぎるほど伝わってきた。でも、僕は必死に平静を装った。

「支えてくれたすべての人のために心を込めてプレーしたい」

僕の覚悟は固まった。ユニフォーム姿になり、気持ちを高めようとしているとき、試合直前のロッカーアウトのブザーが鳴り響いた。

いよいよピッチに向かう時が来た。周りから気合いを入れる声が飛び交うなか、僕はバッグの中から、がま口のポーチを取り出すと、中に入れたオレンジと青のアクセサリーを手のひらに乗せた。

「加奈ちゃん、試合に行ってくるよ」

心のなかでこう呟いてから、大切にポーチに戻し、みんなとハイタッチをしてロッカーをあとにした。そのとき、加奈ちゃんにそっと背中を押してもらった気がした。

「よし、やってやる」

僕は公式戦のピッチに足を踏み入れた。高鳴る思いと緊張を抑えるように、極力笑顔を浮かべるようにしていた。笑顔になることで、いっぱいいっぱいになりそうな自分の心にちょっとした余裕をつくり出してくれる。集合写真の時も、プレー中も笑顔だけは絶やさないようにした。

この試合で2度、激しい接触があった。1つは前半に空中戦の競り合いで背中からピッチに叩きつけられるように落下し、もう1つは後半にクリアした際に相手の足の裏が僕の右足の甲に接触したときだった。

どれも強烈な痛みだった。足の甲を蹴られた時は、一旦プレーを途切らせて、その場に座り込み、担架でピッチの外に運ばれたくらいだった。

でも、僕はピッチに最後まで立ち続けたかったし、なにより言い訳無用のプロの公式戦の舞台で、痛みを感じられること自体が、嬉しくてしかたがなかった。頭のなかで何度も「俺はピッチに戻ってくることができたんだ、幸せだな」と思い続けていた。

そして、後半アディショナルタイムの表示を見た途端、「あと少しでこの試合が終わるんだ」と思うと、少し涙がこみ上げてきた。でも、まだ試合中。ディフェンダーである僕は試合を無失点で終わらせる義務がある。痛む足と腰を幸せに感じながら、僕は最後までプレーを続けた。

タイムアップを告げるホイッスルが鳴り響くと、自然と笑顔がこぼれた。チームは

6－0の大勝で、僕も90分間フル出場をすることができた。

「もう……言葉に表せられない。体に刻み込みたい」

試合後のヒーローインタビュー、場内一周からのサポーターとのセレブレーション。ロッカーに引き上げるまで、すべての出来事を僕は体に刻み込んだ。そこには言葉は必要なかった。

ずっと見たかった景色を、ついに現実として見ることができた。僕の闘病生活を支えてくれた、ビッグスワンの美しい音色と景色。僕はこの1日を一生忘れないだろう。

人生というフィールド

ここで一つ、告白しておきたいことがある。

僕は決して白血病というものを「乗り越えた」わけではない。

もちろん、病気になってから、これまで幾多もの壁があって、それを助けてくれる方々がいて、一つずつ問題をクリアしていったからこそ、こうして前に進めているのは事実だ。

でも、ベンチ入りの段階で、実はずっと鼻が詰まったり、喉が痛かったり、体の倦《けん》怠《たい》感を覚えたりするなど、体調にちょっとした支障をきたしていた。

風邪で体調を崩すのは経験しているし、そのときの恐怖も経験している。だからこそ、「今回もただの風邪のはずだ」と自分に言い聞かせていたが、いつまで経っても倦怠感などの症状が消えなかった。ファジアーノ岡山戦も、ツエーゲン金沢戦もずっと消えなかったことで、柏レイソル戦を前にして、僕の不安は頂点に達した。

「これって、風邪じゃないんじゃないか。もしかして、もしかして……」

強烈な不安が僕に襲いかかった。平常心が崩れかけた。サッカー選手としてコンディションは間違いなく向上しているし、ピッチに立つだけの自信はある。もしかしたら単純に風邪だったり、季節の変わり目の関係で少しだけ体調を崩したりしただけかもしれない。でも、やっぱり脳裏に強烈に浮かび上がってきてしまうのだ。

「再発したんじゃないか……」

柏レイソル戦のあと、僕は新潟市内の病院で検査を受けた。結果、喘息だった。

「再発ではなかった……」

安堵が僕のなかで広がった。同時に「これを一生繰り返すのか……」とある種の絶望感を覚えた。

間違いなく、一生消えない。体に何かしらの異変が生じたとき、僕の思考はすべて「再発」という言葉に直結してしまうだろう。どれだけ月日が流れても……。

それくらい僕の心と体にあの闘病生活は深く刻み込まれている。

そう、僕はもう、その恐怖と一生付き合っていくしかない体になってしまったのだ。

今、プロサッカー選手として苦しみながらも、ものすごく幸せな時間を過ごさせてもらっている。素晴しい仲間やサポーターに支えられ、僕はピッチを駆け抜けることができている。これからもっと試合に出たいし、レギュラーをつかみとりたい。そしてアルビレックスでＪ１昇格を勝ち取って、もう一度Ｊ１の舞台でプレーをしたい。プロサッカー選手として、より上の景色を見てみたい。

でも、人生の目標はどうかと聞かれたら、それは違ってくる。

僕は生きたい。生きることがここまで大変で、重要で、それでいてどれだけ幸せかを実感しているからだ。

一度は生死の境をさまよった。だが、運よく僕は「生」に戻ってくることができた。だからこそ、もう一度Ｊリーガーに復帰するというチャレンジに踏み出せた。何度も、何度もうまくいかない壁に直面しながらも、顔を上げて、前を向いて歩んでくることができた。

僕がこれからやるべきことは、どこまで続けられるかはわからないが、有限な残りのプロ生活を全力でやりきることだ。

そして、その先にはずっと夢だった学校の先生、サッカーの指導者という次なるチャレンジが待っている。僕がサッカーと同等に大切に抱き続けてきた夢。かつて、僕がすべての指導者、先生に救われたように、いずれは自分が子どもたちと向き合って自分のこれまでの経験を伝え、次世代につなげていきたい。

それこそが、僕にとっての生きる意義だ。

僕は決して勝者じゃない。敗者でもない。純粋に生きることに全力を尽くしている一人の人間だ。僕の生きかたが正解じゃない、人それぞれが生きるために全力を尽くしている。それが真実だ。

僕は僕の道を生きる。強い自分と弱い自分の２つを抱えながら。今という瞬間を、そして未来に向かって歩き続ける――。

あとがきにかえて

まず、この本を読んでくださった読者の皆さんに心から感謝いたします。

そして、これまで支えていただいてきた大勢の方々へ。自分の経験を一冊の本に綴ることができました。

この本をつくるにあたり、改めて自分の人生を振り返ったとき、体調に異変をきたしてから白血病が判明するまでが、自分をいちばん信じることができない時期でした。

なぜならば、僕にとってサッカーは、自分の人生の大部分を占めるかけがえのないものなのに、あの時期だけは、正直、サッカーを嫌いになりかけていたからです。

体調が悪化し、パフォーマンスが明らかに落ちていくなかで、「なんでこんなプレーしかできないんだ」と自分を強く責めました。そして、「こんな思いをするくらいなら、サッカーなんてやりたくない」とまで思いました。

それは自分が今まで築き上げてきた、すべてのことを否定していることと同じで、袋小路に追い込まれていました。

だから、白血病とわかったときは、本当にショックよりも安堵のほうが大きかった。

「自分のせいじゃなく、病気のせいだったんだ」

この気持ちが自分を救ってくれました。

そして、入院生活を振り返って思うことは、今まで当たり前に過ごしていた日常が、当たり前ではなかったということです。毎日病室の窓から海を眺め、外の空気を感じたいと思っていました。あの思いが、今も困難という壁に直面したときに、一歩ずつ前に進もうとする自分の原動力となっています。

それでもまだ、自分が弱い人間だと痛感することもあります。

「白血病の早川史哉」「白血病から復帰をした早川史哉」

そう周りから表現されたときに、違和感を覚える一方で、自分がつらいときや苦しいときに、白血病であったことを後ろ盾にしてしまうことがあります。

「白血病になった」という前置きはなくしてしまいたいのに、いざ何か不都合が起こると、「仕方ないよね、白血病になったのだから」という「悪魔の囁き」にも似た声が僕のなかから聞こえてくるのです。あれほど当たり前の日常を手に入れたいと願い、元気な早川史哉として生きていきたいと思っているのにもかかわらず……。

闘病の日々によって、ちょっとした体の不調をきたしたときに頭をよぎる再発という悪夢のシナリオと共に、大きな影が自分に刻み込まれてしまったと思っています。

だから、僕は決して白血病を乗り越えたわけではありません。

これから先も、この病気と、弱い自分と、ずっと向き合いながら、共に歩んでいかないといけません。

本書をつくるにあたり、闘病の日々を思い返すと記憶が曖昧だったり、記憶から消されていて、周りの人から当時の状況を言われるまで思い出せないでいたり……。

これはもしかしたら自己防衛本能として、苦しかった思い出を忘れ去ろうとしているのかもしれません。だからこそ、本書をつくるには、相当な覚悟が必要でした。

この本の共同制作者であるノンフィクションライターの安藤隆人さんとは、長い時間をかけて、その覚悟を固めてから、お互い腹を割った真剣勝負を何度も何度も繰り広げました。真剣勝負を重ねていくなかで、僕の心の奥底で蓋をしていた部分を、一つずつ一つずつ2人で開けていきました。正直、その作業はとてもつらく、苦しいものでした。もう過ぎたことのはずなのに、ひどく落ち込んだときもありました。

でも、ここでお互い妥協をしたら、本書を手に取ってくださる人たちに、僕の真意、病気になるということの真実と、その周りで支えてくれる人たちの存在をしっかりと伝えることができない。そう思い、逃げることなく真正面からぶつかりました。

その過程で、入院中に酒井高徳くんが僕にかけてくれた、「今まで出会ってきた人たちが、本当に素晴らしい仲間であること」という言葉を、何度も何度も思い出し、僕は決して一人ではなかった、どんなときも周りの人たちが僕に寄り添い続けてくれたことに心から感謝の思いが生まれてきました。

人間は、本当は弱い生き物なのだと、この病気を経験して思います。

一人では決して困難にも立ち向かえませんし、周りの人たちの助けが必要なのは事実です。ただ、その進む足取りや苦しみを、周りがどうこうしようとするのではなく、あくまで問題に直面している当事者を思って接してもらいたいと思います。

周りの人たちは、その当事者に寄り添うというスタンスを忘れないでほしいと思います。その思いはすぐには届かないかもしれませんが、いつか温かい優しさとなって当事者に届くと僕は信じています。

この本を出版するにあたり、僕本人になりきり、一緒に闘ってくれた安藤さん、また、僕のすべてを形にしてくださった徳間書店の苅部達矢さんに心から感謝をしています。

安藤さんと苅部さんのお二人がいなかったら、この本が世に出ることはありませんでした。僕の想いを共有して、同じ方向を見て紡ぎ出せたことに大きな意義を感じています。

最後に僕の思いを一つだけ。

「生きる」ということに正解があるわけではありません。それぞれ一人ひとりに自分の道があると思います。僕は病気で「奪われたもの」があります。でも、それ以上に「得たもの」もあります。

みんなが自分の人生を真剣に生きている。だからこそ、自分の思いに突き動かされるほうへ、自分の気持ちに正直に生きることが大切なのではないでしょうか。

僕はこれからも、僕の人生を素直に、そして着実に前へと歩き出していきます。

早川史哉

早川史哉（はやかわ・ふみや）

1994年1月12日、新潟市生まれ。プロサッカー選手。アルビレックス新潟のアカデミー組織の出身。高校2年の2011年にトップチームに2種登録される。メキシコで開催された2011 FIFA U-17ワールドカップには、FWからDFまでこなすオールラウンドプレーヤーとして3得点を挙げる活躍をみせた。2012年に筑波大学に進学して蹴球部に入部。関東大学リーグ2部に降格したチームを主将として引っ張り、1部への返り咲きをはたした。2016年シーズンにアルビレックス新潟へ加入。2016年2月27日のJ1開幕節・湘南戦に先発フル出場デビューをはたし、開幕戦を含めたリーグ戦3試合とヤマザキナビスコカップ1試合に先発フル出場。しかし、4月24日のJ1第8節・名古屋戦後にリンパ節の腫れを訴え、病院で検査を受けた結果、急性白血病と診断される。抗がん剤治療ののち、同年11月に骨髄移植手術を行う。2017年から治療に専念するため選手契約を一旦凍結。同年7月に病院を退院すると復帰に向けたリハビリを開始。2018年3月にアカデミー組織、2018年8月にトップチームの練習に合流。10月には対外試合に出場し、11月12日に契約凍結が解除されて、2年7カ月ぶりにプロサッカー選手に復帰。2019年8月17日、J2第28節・岡山戦で1256日ぶりにメンバー入りをはたすと、10月5日には、J2第35節・鹿児島戦にフル出場。カップ戦を含めると、実に1287日ぶりに公式戦のピッチでプレーした。

SPECIAL THANKS
株式会社アルビレックス新潟

構成　安藤隆人
装丁　坂井栄一（坂井図案室）
校正　美笑企画
組版　キャップス
編集　苅部達矢

そして歩き出す

サッカーと白血病と僕の日常

第1刷　2019年10月31日
第3刷　2019年11月25日

著　者　早川史哉

発行者　平野健一
発行所　株式会社 徳間書店
〒141-8202 東京都品川区上大崎3-1-1 目黒セントラルスクエア
電話　編集03-5403-4344／販売049-293-5521
振替　00140-0-44392
印刷・製本　大日本印刷株式会社

ISBN978-4-19-864958-6